ブックレット　近代文化研究叢書　12

『蠟人形』（昭和五年—昭和十九年）の検討

猪熊雄治

目次

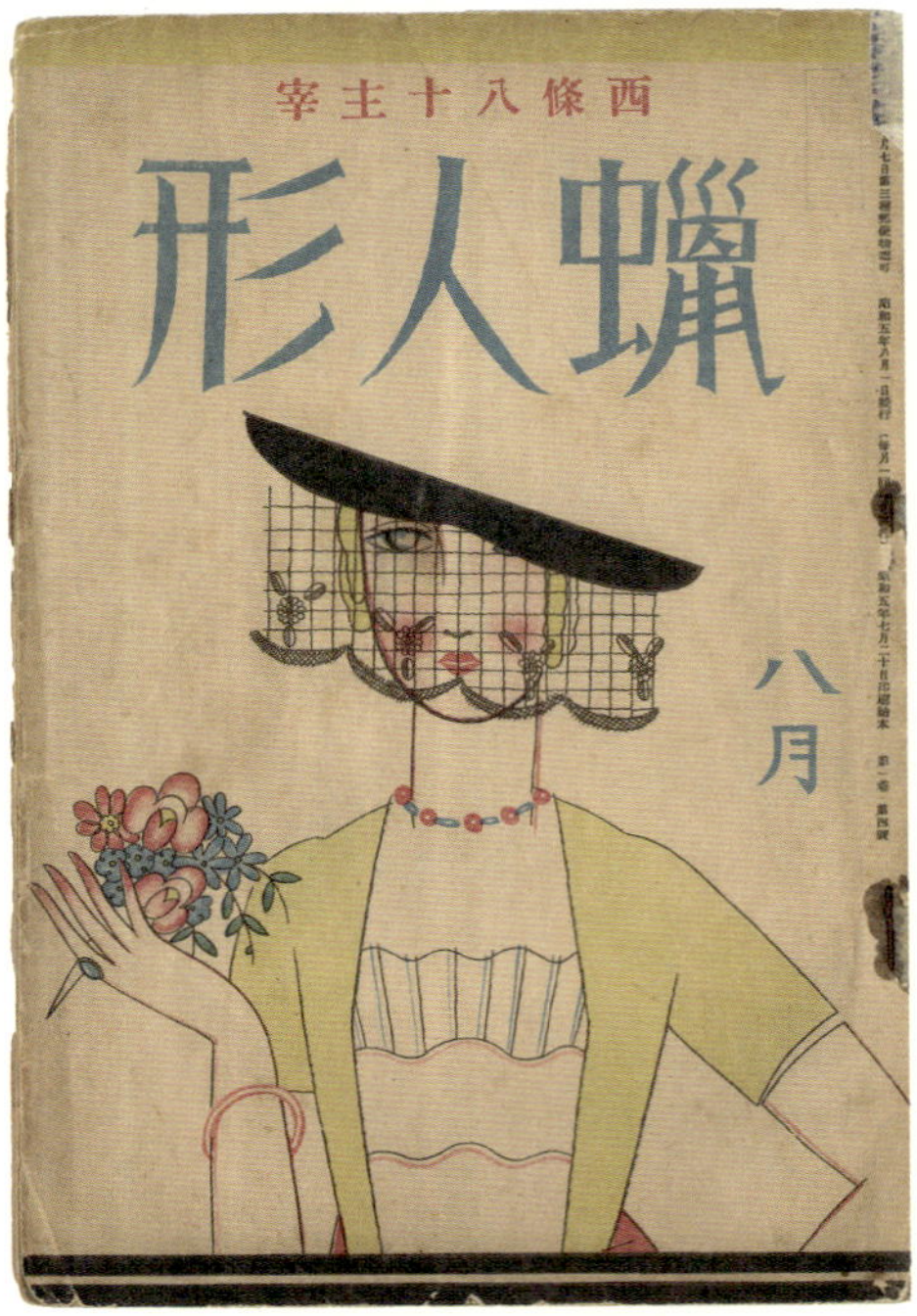

『蠟人形』昭和5年8月号表紙 蕗谷虹児画

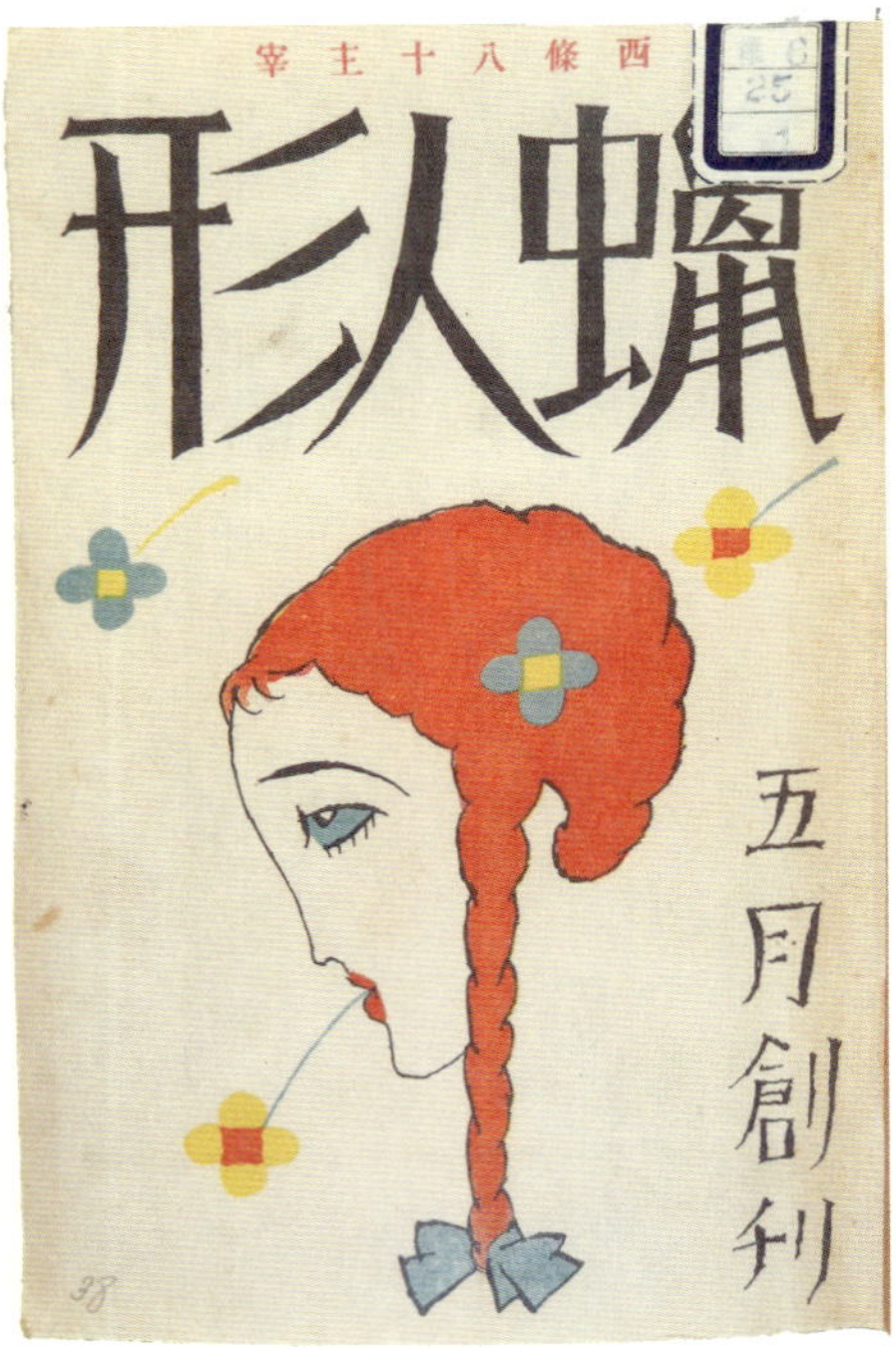

『蠟人形』昭和5年5月号表紙 竹久夢二画
（昭和女子大学図書館所蔵）

『蠟人形』昭和12年12月号表紙 三岸節子画

『蠟人形』昭和12年1月号表紙 河野鷹思画

はじめに

周知の通り、文学志望の青少年が自己作品の成果を競い合う場として、投書雑誌の投稿欄があった。有力な投書雑誌が相次いで終刊し[1]、投書雑誌の衰退をうかがわせる大正中期以降も、曾根博義氏が指摘した通り[2]、投書雑誌も複数創刊され、投書雑誌の需要は依然継続されていた。ことに詩の投稿から見れば、『詩神』（大14〜昭6）、『若草』（大14〜昭18）、『愛誦』（大15〜昭9）、『蠟人形』[3]（昭5〜19）が創刊されていくように、むしろ投稿を活性化させる傾向が強化され、詩を中心とした投書雑誌は衰退ではなく活況に向かっていったとも思われる。昭和初期や十年代に活動を開始した詩人の経歴を確認すると、木下夕爾、鮎川信夫、中桐雅夫（43〜46頁参照）のように、出発期に投書雑誌への活発な投稿活動を試みていた者も見受けられ、表現意欲を持った年少の詩愛好者にとって、外部に対して自己の作品を披露し、評価を獲得できる最初の場として、昭和初期以降も投書雑誌は身近な媒体として意識され続けたのであろう。

『蠟人形』は、創刊は他誌よりも遅かったものの、多彩な投稿ジャンルの設定や多くの頁を投稿作品の掲載に振り分けた措置等により、新人の発掘に実績を残した詩誌であり、『蠟人形』を通して、当時の投書雑誌が持っていた意義や可能性も確認できると思われる。さらにいえば、『蠟人形』は、投書雑誌の一面を含みつつ、詩を中心に、小説やさらには映画や音楽等の記事も掲載するような幅広さを持つ詩誌でもあった。主宰者西條八十[4]の詩名、詩集名を誌名とし[5]、西條の特集記事も掲載する等、主宰者の存在を強く印象付けるような独特の誌性が打ち出されていた半面、公器的性質も持った専門詩誌としての可能性も追求し続けている。ここでは『蠟人形』の持っていた複合性を踏まえつつ、昭和五年五月の創刊から百六十四冊を刊行、他誌との統合のために十九年二・三月合併号で休刊するまでの軌跡を辿っていく。

なお、本書は『学苑』に掲載した「『蠟人形』の検討」（平成二十一年三月号）、「『蠟人形』の検討 Ⅱ」（平成二十二年三月号）、「『蠟人形』の検討 Ⅲ」（平成二十二年九月号）、「『蠟人形』の検討 Ⅳ」（平成二十五年一月号）、「『蠟人形』の検討 Ⅴ」（平成二十六年三月号）、「『蠟人形』の検討 Ⅵ」（平成二十七年三月号）の六編の拙論を再構成したものである。

刊年を示す（ ）内の年号表記は、大正は「大」、昭和は「昭」と略記した。引用については原則として旧字体は新字体に改め、ルビは適宜省略した。…は略を、／は改行を示す。

注

（1）明治三十九年三月創刊の『文章世界』は、大正九年十二月で終刊し、翌十年一月から改題した『新文学』が刊行されたが、十年十二月で廃刊となった。大正六年四月創刊の『中央文学』も十年十二月で廃刊し、明治三十四年十月創刊の『秀才文壇』も、大正十二年八月で廃刊となっている。

（2）曾根博義「『文学世界』─関東大震災前夜の投書雑誌　付・主要目次」（『舢板』第Ⅲ期八号　二〇〇四年八月）

（3）『西條八十全集　別巻　著作目録・年譜』（西條八十全集編集委員編　二〇一四年七月　国書刊行会）所収の「主要雑誌目次一覧」では、『蠟人形』について「全一九八号。蠟人形社（第一期）、二葉書店（第二期）、東光出版社（第三期）発行。一九三〇年五月―一九四九年五月。第一期＝一九三〇年五月―一九四四年二月（戦争のため休刊）、第二期＝一九四六年六月―一九四八年十一月、第三期＝一九四九年一月―五月。一九四〇年二月、一九四八年十二月は休刊。」と記している。小論で対象とするのは、このうちの第一期『蠟人形』であり、戦後復刊した『蠟人形』について言及する場合は、「主要雑誌目次一覧」の表記に従った。

（4）『蠟人形』が創刊された昭和五年当時、三十八歳の西條八十（明治二十五年～昭和四十五年）は早大仏文科助教授を務める仏文学者であるとともに、抒情詩や童謡詩で名声を得ていた詩人であった。さらに歌謡曲等の作詞家としての活躍により、その業績は広く知られていた。

（5）「蠟人形」（大正七年三月『文章世界』）、『蠟人形』（大正十一年五月　新潮社）

第1章 『蠟人形』の出発

第1節 投書雑誌としての『蠟人形』

『蠟人形』は、昭和四年六月号を最後に『愛誦』の主宰者を辞していた西條に対し、堀口義一が新雑誌刊行を勧めたことが契機となり[1]創刊されている。竹久夢二[2]が表紙を描き、堀口義一を「編輯兼発行人」、発行所を「蠟人形社」とし、全九十六頁で刊行された昭和五年五月創刊号の売れ行きは好評だったようで、「西條八十年譜[3]」によれば、「雑誌は予想外に好評で、初版一六〇〇部はたちまち売り切れとなり、追加増刷を行った。」とされる。その後刊行の形は変化し、同年譜には、

> そして十月号から八十は本格的にこの雑誌の経営に乗り出し、自ら発行人となり、堀口は編集人の名義となったが、十二月限りで堀口はその編集から手を引いたので、年末に発行所を柏木町四三三番地の八十の家に移し、編集人の名義を義弟の小川丑之助に変更した。

とあり、六年八月～十月号での「編輯人佐伯孝夫」の記述を除いて、「発行人」西條、「編輯人」小川の形が十九年の休刊まで踏襲されていく。堀口の後任となった佐伯以降も佐伯同様西條門下生であった加藤憲治、竹田靖治、木村康彦、門田穣、大島博光が編集に加わり、六年九月号以降は加藤が、十五年五月号以降は大島が編集業務を実質的に担当していくが、編集業務を門下生が担当し、佐伯、加藤等の他にも、門司恒美、小林英俊、寺崎浩、村野三郎等の西條門下生が同人として参加していたように、『蠟人形』は、西條が主宰した『白孔雀』（大11・3～10）、『棕櫚の葉』（大13・1～14・12）、『愛誦』を引き継ぐ詩誌でもあった。創刊号「編輯後記」でも「西條先生は文字どほりの主宰。ありあまる全力を本誌にささげられる。」と記され、主宰者西條をクローズアップする形で新詩誌の刊行も告げられていた。

この西條の強調とともに、創刊時に強く打ち出されていたのが、投稿作品を数多く掲載する投書雑誌的性格であった。創刊号には「読者文芸欄の開設！」（8・9頁参照）と題した一文が掲げられ、

> 蠟人形は、皆さんの美しい作品で彩りたい。皆さんの熾んな熱と努力と覇気とにより、しだいに此欄を展げてゆくであらう。時には本誌の大半を割くこともなほ辞せない。だから皆さんは、あくまでも明るく自由に、玲瓏かぎりない碧空を翔けめぐる白鳥のやうな心意気になつて貰ひたい。

といった意気込みに続いて、

> 情感の潤ふままに、感覚の燦めくままに、秘めやかな嘆き、偉いなる訴へ、あえかなる囁き、朗らかな叫び、……それら一切の、多彩にして優れた作品が満載されるやうになつたら、本誌は軈て華麗なる花畠より華麗になることと思ふ。本誌創刊の第一意図は、くりかへして言ふ――皆さんの明るい自由な雑誌にすることである。
>
> 左記の文芸募集規定に従ひ、奮つて応募されむことを望みます。

★

讀者文藝欄の開設！

蠟人形は、皆さんの美しい作品で彩りたい。皆さんの熾《さか》んな熱ご努力ご覇氣《はき》ごにより、しだいに此欄を展げてゆくであらう。時には本誌の大半を割《さ》くこごもなほ辭せない。だから皆さんは、あくまでも明るく自由に、玲瓏《れいろう》かぎりない碧空を翔《か》けめぐる白鳥のやうな心意氣になつて貰ひたい。情感の潤ふままに、感覺の燦《きら》めくままに、祕めやかな嘆き、偉いなる訴へ、あえかなる囁き、朗らかな叫び、……

それら一切の、多彩《たさい》にして優れた作品が滿載されるやうになつたら、本誌は聽て華麗なる花畠より華麗になることご思ふ。本誌創刊の第一意《い》圖は、くりかへして言ふ——皆さんの明るい自由な雜誌にすることである。

左記の文藝募集規定に從ひ、奮つて應募されむことを望みます。

但し、**次號締切は四月三十日——**

— 90 —

『蠟人形』昭和５年５月号（昭和女子大学図書館所蔵）

——文藝募集——

小品文 二十字詰三十行以内 西條八十選

詩 二十字詰三十行以内 西條八十選

短歌 五首以内 茅野雅子選

小唄・小曲 二十字詰三十行以内 西條八十選

民謡 二十字詰三十行以内 西條八十選

童謡 二十字詰三十行以内 西條八十選

書簡 二十字詰三十行以内 西條八十選

——宛名は——
東京市外
柏木四三一 **蠟人形編輯部**

賞品

入選 蠟人形社製の玉手箱
佳作（數人） 左記の蠟人形社特製品

注意

★**種類** 種類の異つた投書は別の用紙に書いて下さい。なほ種別を明記のこと。

★**送料** 送料は開封にすれば三十匁まで二錢、なるべく一纏めにしてお送り下さい。

★**締切** 締切は毎月末日、締切に遅れたものは審査を翌月に廻します。

★**發表** 發表は翌々月の雜誌になります。

★**その他** 住所氏名は各篇ごとにはつきりと書いて下さい。但し誌上の匿名變名は隨意です。

但し**次號締切は五月三日**

『蠟人形』昭和5年5月号（昭和女子大学図書館所蔵）

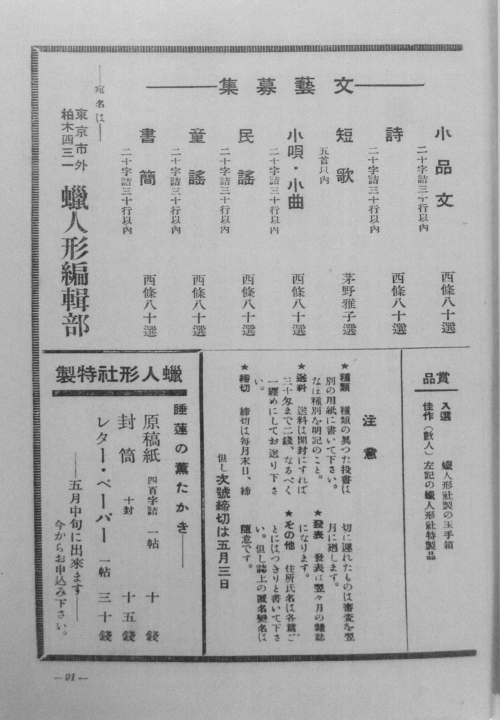

とのやや過剰な筆致による刊行方針が告知され、西條八十選の小品文、詩、小唄・小曲、民謡、童謡、書簡と、茅野雅子選の短歌計七種目が募集されていた。同様の趣旨はおそらく堀口による創刊号の「編輯後記」でも語られ、

「むかしの文章世界、秀才文壇、処女文壇などは、まづ投書欄が見たかつた。」
と多くの人々は言つてゐます。それほどの輝きを本誌にも持たしたい。そして、できるだけ新人推奨につくしたい。

との抱負が述べられているように、投稿作品の公募と掲載を新雑誌の特長として、創刊を強く印象付ける記述が重ねられた。

このような呼びかけと呼応するかのように、翌六月号から始まった投稿欄には、予想をこえた応募作品数が集まったようである。発刊日から締切りまで十日間だったにもかかわらず、「驚喜」するほど多数の投稿が寄せられたとの記述（「読者文芸について」六月号）があり、七月号からの投稿欄拡大も告知され、実際七月号では頁数を増やした措置がなされている。おそらく「編輯後記」で強調したような主宰者西條の存在も投稿活動にも大きく働いたのであろう。八月号の読者通信欄「蠟人形の家」（この通信欄の〈人形〉の表記は仮名混じりの号もあるが、本書では漢字表記に統一した。）には、「西條先生／一生懸命詩の勉強をいたします。第一回は見事落選でも力を落しません。猶々続けます。どうぞ御指導下さいませ。」や、「西條先生が詩誌を御発行なされると言ふことは…聞いて居りました。そしてその暁は拙いながら自分も御仲間に入れていたゞかうと思つて居りました。何卒御鞭撻御導の程を。」といった寄稿も見られ、『蠟人形』投稿欄への期待の高さをうかがうことができる。

西條への期待には、詩人西條の人気に加えて、『愛誦』の主宰者として新人を発掘してきた実績もおそらく含まれていた。創刊号やその後の号には、その経緯を実感させる部分があり、西條への期待を一層高めたのではないか。『愛誦』には投稿作品が十回以上推薦欄に掲載されると「寄稿家」に推奨し、以後優遇していく特典措置があったが、大正十五年十一月号から昭和四年七月号まで西條が主宰していた間に、二回（昭3・1昭4・2）計八人の投稿者を[4]「寄稿家」へ昇格させていた。この八人のうち中村伊左治、稲垣恒子、田中信子、小堀きみ江、飯塚稜威子、秋山紅村の六名が、創刊号に登場し作品を発表している。さらに創刊号から五年十二月号までの八冊を見れば、一回目の昇格者であった中村、稲垣がそれぞれ七回と六回詩を掲載し、急逝した秋山と三井良尚を除く二回目の推奨者（小堀、田中、飯塚、梅村清）の四人も、三回から四回と繰り返し作品を掲載し、自立した新鋭詩人としての処遇を受けている。投稿者から新進の詩人へと成長したことを感じさせる扱いであり、西條の新人育成の成果を感じさせる誌面だったといえる。

五年六月号以降の投稿欄に、『愛誦』に投稿していた者が複数見受けられるのも、『愛誦』での西條の実績を踏まえ、あらためて西條の下で自己の力を試そうとする意欲が働いていたからではないか。十月号「蠟人形の家」には「本誌読者文芸欄から、詩誌『愛誦』に健筆を揮るはる、檀上春之助、大木千代子、吉川東洋、柏木保夫、増田隆子、穂曾谷秀雄諸氏の懐かしいお

なまへを発見して胸をおどらせた。」や「この社には大部愛誦で中心をなしてる詩人がをりますね。小林増田檀上奥村大木大沼奥村菊氏など。」との感想が寄せられたように、『蠟人形』『愛誦』の両誌に作品を掲載していた投稿者の姿は投稿欄設置直後の誌面で目に付いていたらしい。あげられた名前の中には『蠟人形』での掲載が『愛誦』より早い者もいるが、一方で『蠟人形』創刊前から『愛誦』に投稿し何編かの作品を掲載された実績を持つ者も含まれている。例えば増田隆子は西條が『愛誦』主宰となった直後から作品掲載を重ねていた投稿者であり、檀上春之助、大木千代子、吉川東洋は西條が『愛誦』を去った後、『愛誦』での掲載が始まり、『蠟人形』創刊直前の号ではほぼ連続して作品を掲載していた。また「蠟人形の家」では名前はあげられていないものの、増田同様、西條が主宰していた頃より『愛誦』での掲載を重ねていた大塚徹、中村樹一、国分夜詩子も『蠟人形』に投稿している。彼らは増田、大塚が五年七月号の『愛誦』で、檀上が翌六年二月号で「寄稿家」に昇格し、大木、吉川も六年の段階で「寄稿家」昇格が有力視された（植原繁市「愛誦新人 "Ｐｒｏｆｉｌｅ"」『愛誦』六年十一月号）ように、『愛誦』で力を発揮しつつあった投稿者は、『蠟人形』の投稿にも積極的であった。

　このうち際立った活躍を見せたのが、檀上、大木の二人で両者は、五年の投稿欄だけでも、檀上は六月号の民謡と童謡に続いて短歌（八月〜十二月号）、小曲（九月号）、童謡（九月〜十月号）、小唄（十二月号）が掲載され、大木も八月号の詩と小曲、童謡に続いて詩（九月〜十二月号）、小曲（九月〜十二月号、十一月号では推薦欄に）、童謡（十二月号）が掲載されるように、連続してしかも複数種目での選出が重なる程の抜群の成績を収め、さらに両者は同時期の『愛誦』にもほぼ毎号作品を掲載していた。こうした両者の活動は当然のことながら、多くの読者を瞠目させたようで、「蠟人形の家」には称賛や文通を希望する投書がかなり寄せられている。その後檀上が徐々に「寄稿家」となった『愛誦』に戻っていくのに対し、大木は六年九月号で優れた投稿者を優遇する準同人第一号に推薦され、『蠟人形』に発表誌を絞っていくように両者の進路は異なっていくものの、他誌で実績を示してきた投稿者の活躍は、檀上、大木に言及しながら「私も今月から投稿してみる気が出て来ました。」（「蠟人形の家」六年五月号）に見られる通り、読者に投稿を促す刺激となっていた。

　大木たちのように他誌でも注目されていた投稿者の活躍が目立つ半面、『蠟人形』五年各号には、『蠟人形』での掲載が重なり、次第にその成績が注目されていく投稿者たちも出現してくる。例えば、五年八月号の短歌欄に載った山路百合子は以後五年各号に連続して、時には複数の投稿欄に作品を掲載し、九月号以降設けられた投稿欄とは別の優秀作品を載せる推薦欄に、十二月号には二作品も採用されるといった活躍を示した投稿者で、大木に続いて準同人第二号（七年一月号）に推薦されている。また七年五月号で準同人に推薦される不二城キクコも、十月号から投稿作品を載せるように、以後着実に掲載を重ね、その成績が評価されていく投稿者たちが徐々に姿を見せ始めている。山路は戦後の第二期『蠟人形』や『プレイアド』[5]（昭25・

4〜29・7）にも詩を発表していく、西條門下のいわば『蠟人形』生え抜きの詩人となった投稿者であり、以後長く『蠟人形』を支えていく山路のような者も五年の号には含まれていた。熱意のある新人の登場は、他誌でも力を見せていた投稿者の活動と併せて、五年後半の投稿欄を「ます、盛大になる読者文芸欄」（「蠟人形の家」六年一月号）と印象付ける効果を生み出したと思われる。

第2節　文化誌としての『蠟人形』

投稿欄の活気だけではなく、創刊以後の『蠟人形』については、誌面内容の豊かな詩誌としても注目歓迎されていた。創刊号「編輯後記」で主宰者西條を強調し、同号の口絵には西條の肖像写真と原稿が載り、さらには西條の詩、小曲、小唄四編と「近代詩の鑑賞（一）」と複数の作品が掲載される等、西條との関係の深さを示した誌の独自性が打ち出されていた。以後の号でも、複数のジャンルでの西條作品の掲載や、「西條主宰は、今後一層本誌に力を入れられるでせう。」（十一月号「編輯後記」）といった主宰者への言及が重ねられ、サトウハチロー「西條さんとの思ひ出（一）〜（三）」（昭5・7〜5・9）のような西條との交遊を描いたエッセイの掲載と併せて、西條を誌面の前面に押し出す方向がうかがえる。創刊号にはグラビアの入った映画記事も掲載されるが、以後映画等の芸能関連記事が載り続けるのも、西條の幅広い活動の反映とも思われ、こうした『蠟人形』の特長ともなる芸能情報の掲載が、誌面に賑やかさを与えていたことは確かであろう。

一方で創刊号「編輯後記」では「本誌は、若い皆さまに、優しく手をさしのべて呉れる老大家、尖鋭ではつらつな新進の方々に寄稿をお願ひする考へです。」と執筆者を広げていく意欲も語られ、西條を前面に打ち出す方向と並行して、寄稿者の充実にも誌の特長を求めようとしていた。翌六月号以降の誌面には、主な文学者では、堀口大学、前田鉄之助、浅原六朗（六月号）、川路柳虹、佐藤惣之助（九月号）、宇野千代、龍胆寺雄（十一月号）、日夏耿之介、太田水穂、百田宗治、久野豊彦、林芙美子（十二月号）等が登場し、特に十二月号は「総じて本号は多く初対面の寄稿家に拠つた。」（「編輯後記」）と記される程、初寄稿者を多く集めた誌面が展開されている。こうした寄稿者の拡大は、詩歌やエッセイに加えて小説家も掲載する方針（「編輯後記」九月号）を受け加速化されたが、詩人以外の文学者からも寄稿を仰ぎ誌面に多彩さを与えていく傾向も、読者からの注目を集めていたようで、六年一月号の「蠟人形の家」には、竹久夢二の表紙と内容を称賛した「スマートな表紙と内容の充実は断然同種の雑誌を押へて、トップを切つてゐます。」との評価も載せられている。西條の姿を積極的に伝え、さらに寄稿者を増やしていく方向は読者からも評価され、投稿欄の活性化にも繋がったのではないか。

寄稿者を拡大させる方向は、六年の号でも継続され、例えば一月号には中村正常、井伏鱒二が、二月号には新居格、神近市子、三宅やす子、北村秀雄、吉井勇、谷崎精二、楢崎勤等が寄稿し、「新年号以上の壮観‼」「躍進的な発展」（二月号「編輯後記」）と自負されるような活気のある誌面が現れていた。一方、二月号で編集担当が堀口義一から佐伯孝夫に、さらに九月号から加藤憲治、竹田靖治等に交代したことも関係しているのかもしれないが、西條の存在をアピールする方向についても、六年の号では一段と強く示されている。五年の号では、先述した創刊号を含め、複数回西條のグラビアが巻頭に配置され、「編輯後記」等でも西條の動向が伝えられてきたが、その姿勢をさらに強化し、読者の西條への親近感を一層高めることが意図されたのではないか。まず三月号では「西條八十オンパレード！」（「編輯後記」三月号）とあるように、巻頭近くに西條の訳詩二編、映画主題歌二編と小唄一編を並べ、西條の新作を待望していた読者の要望に沿った誌面が作られる。この三月号特集に対しては、「…何と素晴らしいこゝろみだらう。これから先生の御作のオンパレード号をこゝろみては如何です。ねがへましたら。」（「蠟人形の家」五月号）との歓迎の声が早速寄せられるが、さらに十月号では作品だけではなく、「…あらゆる角度からの氏［＝西條］のスナップを一つ残らず皆さんに提供」（「編輯後記」九月号）する「西條八十と読者号」が企画され、西條の人間像が特集のテーマとなっている。注目されるのは、「読者号」とされたように、誌面に読者を参加させる形で特集が組まれている点で、浅原六朗「西條八十氏に就いての感想」以下、十二名による西條の人物寸描「西條八十・オン・パレード」に加えて、読者が西條その人や詩の魅力を述べる「西條先生のプロフイル」「西條先生へ・願ひごと」の記事を載せ、読者と西條との誌面上での交流が演出されている。「西條八十・オンパレードや西條氏のプローフイルはまだ会えぬ氏を迎えてゐるやうな感ひをさせる。」（「蠟人形の家」十二月号）との感想にも見られる通り、この特集は読者に西條をより身近に感じる効果を生み出していた。

六年十月号の「編輯後記」では、こうした西條特集の企画について編集を担当した加藤が「西條主宰と読者との完全なる握手連結は本号において実現した…」との自負を述べ、「本誌独自のレーゾン・デエトルも亦こゝにある…」と読者と西條の近さを『蠟人形』の特質として強調するが、この読者との「握手連結」は、創刊号の頃より示されていた方針でもあった。五年六月号には既に、読者からの要望を受けて、支部の設置やその会合への西條の出席等が予告されていたものの実現への進捗はなく、その後も「蠟人形の家」には読者と西條との座談会等を望む声が寄せられていた。十月号の特集はこうした読者の要望を誌面で実現させた企画と思われ、その後誌面外での「握手連結」の企画も進められるように、『蠟人形』はこの方向を押し進めていくことになる。

十月号の特集が、読者からの西條への働きかけを誌面化したとすれば、六年の号では読者の熱意に応えていく西條の姿を点描した記述も見られ、特集以外の誌面からも西條と読者との繋がりを意識させる姿勢をうかがうことができる。例えば創刊一周年の五月号「編輯後記」では、

> 西條氏の力の入れ方はどんなものです。実に素晴しい元気であり熱であり——これも皆さんが蠟人形を全身的に支持して下さるお庇げだと、編輯部一同感激してゐる次第です。

と刊行に注力する姿が、あるいは六月号の「編輯後記」では西條の「若き誌友をもつと効果的に世間的に推薦する法」の提案が紹介され、読者に配慮する姿が伝えられている。九月号「選者の言葉」では、この「推薦する法」の具体化として、『愛誦』に倣い数回推薦欄に掲載された投稿者を寄稿者に昇格させる準同人制度の導入が告げられ、先述のように大木千代子がその第一号となるが、十一月号「蠟人形の家」に寄せられた「大木千代子氏が、準同人に推薦されたとの記事に、驚きもし、うらやみもしたのは、僕一人ではあるまい…西條先生…一層お導き下さい…誌友諸君よ大いにやらうぞ！お互に。」の投稿にも見られるように、読者たちの投稿意欲や西條への意識を高めたことは確かではないか。さらに無署名であるため、西條の執筆かどうか不明だが、十一月号の「選者の言葉」では、作品の総評に先立ち「本誌ほど、粒の揃つた投稿の集まる雑誌はまづ他にない。…この一年間程に諸君の詩技は驚くべき飛躍をなしとげた」との投稿者への称賛に続き、「この欣ばしい傾向をどし〳〵伸ばすためには、本誌はあらゆる犠牲も、努力も惜しみたくない。」と投稿者の熱意に報いることが明言され、投稿欄の拡充と投稿者への激励が語られている。五年の号以上に西條の存在を強調することで、六年の『蠟人形』は、西條と読者との距離を縮めることに成功したといえよう。

第3節　新しい投稿者たちの出現と支部の開設

主宰者西條の姿を強く示していく『蠟人形』の方針は、六年から七年にかけて西條に深く傾倒する新たな投稿者の登場も促したようである。山路百合子同様、西條門下生として戦後も詩を発表していく山本格郎（投稿名は沢の井紅児）を始めとして、やはり戦後も『蠟人形』や『プレイアド』で活動を展開した秋野さち子が六年に、同じく晶玲子が七年に投稿を始めている。秋野と晶は、八年から投稿が掲載された淡路純子とともに、「『蠟人形』の推薦欄にかがやいていた『三あ』[6]（松村美生子）と称された程の優れた投稿成績を収め、順次同人に推薦される等『蠟人形』の中軸となっていく投稿者であった。山本、秋野、晶の三人は、投稿実績を重ねるだけではなく、読者相互の交流にも力を注いでいくが、その他にも六年から七年にかけては、田中金治、原龍司、川城羊丘、神岡秀夫（投稿名は桃色黄白）、浅見勝治（投稿名は浅みどり）、青木青磁、横山不沙子、山崎智門、大砂辰一（投稿名は都詩華瑠）のように、優れた投稿成績に加えて、支部活動等の誌面外でも『蠟人形』を支えていく投稿者たちが相次いで出現している。小林英俊によれば、「蠟人形が目立つて活況を呈したのは確か昭和八年から」で、「読者の熱が響いて各地に支部が設けられ座談会も毎月開かれて頗る愉快であつた[7]」とされるが、支部活動や座談会の企画運営を主導し、また会合等にも進んで参加し活性化させていったメンバーには、山本以下、六年から七年にかけて投稿欄で活躍を始めた投稿者たちが多く見られるのである。六年以降の熱心な投稿者たちの続出によって『蠟人形』には新たな活気が導かれるとともに、『蠟人形』の特色とされる「日本各地に『蠟人形』支部が開設され、その頂点に西條八十が位置するピラミッド型の組織形態[8]」（鈴木貴宇氏）の基盤が形成されていくこととなった。

支部が設立されていく動きは、七年五月号の「選者の言葉」に記された西條の提案から始まっている。支部設立は、先述の通り、既に五年六月号に予告されていたにもかかわらず、一向に具体化しなかった企画で、「支部を是非作りたいといふ要求」は「屡々」（「選者の言葉」）寄せられていたらしい。西條の言及により、その後一気に具体化へと向かうが、実現に向けて動き出した背景には、読者間の交流を求める投稿者たちの動きも働いていたのではないか。この時期の「蠟人形の家」を見れば、自己紹介や他の投稿者への称賛、文通希望に加えて、読者が集う機会を待望する声も複数寄せられていた。山本もその投稿者の一人で、六年五月号から作品が掲載されてきた山本は、「蠟人形の家」にもたびたび投稿し、読者間の交流も積極的に提唱してきた。例えば六年十一月号では、誌友名簿の掲載を提案し、七年二月号には、

　神戸の元町などを歩いてゐて出会ふ人たち、その人たちの中に屹度蠟誌の誌友が居られるにちがひない。それに顔を見知らぬ悲しさ、知らぬ顔ですれ違つてしまふ。……かうした淋しさを除くべく断然私たちは温いグループを作る必要があると思ひますが。いかゞ。

との訴えを述べている。山本の要望に類似した提案は、他の読者からの提案にも見られ、山本の投稿に先立つ六年六月号には、大阪に住む尾崎虹夢という読者からの「…大阪近郊在住諸氏よ、蠟人形愛読者会を作らうではないか！」との呼びかけが掲載されている。尾崎の投稿を受けて、山本の投稿が載った同年十一月号には、大阪での愛読者会開催を尾崎に促す投稿が寄せられ、七年三月号ではその成果を尋ね、「折々在阪の諸君と共に語り明」かす機会をあらためて要望する声も載せられている。このように地域の読者同士が交流しあう場を、六年から七年にかけて、投稿者たちは繰り返し求めていた。創刊直後に予告され、その後も実現を望まれてきた支部の設置は、この要望に応える企画として、あらためて具体化されたのであろう。

　ただし七年五月号の「選者の言葉」で西條が示した設置条件はかなり厳しく、「地方の準同人を中心にして支部を拵へ」ることが提案される。しかしこの時期、準同人は推薦されたばかりの久保八十男、不二城キクコを含めて六人に過ぎず、支部が設置できる地域もかなり限定されてしまうため、翌六月号の加藤「蠟人形支部に就て」では、誌友五人以上と緩和された条件が提示されている。一方同号の「編輯後記」では加藤は同様の条件を示しつつ、「…初めの中は準同人のゐる所はその準同人を中心にして作つた方がい、かと思はれます。」とも記しており、当初は西條の意向に沿って準同人を軸とした組織が想定されていたらしい。だが翌七月号の「編輯後記」では、支部の構成員資格が誌友から愛読者に変更され、設立条件を愛読者五名以上にしたと伝えている。読者の要望に応えて、条件を一層緩和し、支部設立を推進していく姿勢を明確にしたのではないか。

　支部設置の方針に対する読者の反応は、直ちに現れたようで、七年七月号には京都、大阪、神戸への支部設置が予告されるとともに、加藤によれば「各地方より続々と申込が」（「編輯後記」七月号）寄せられることとなった。「蠟人形の家」にも、山本の「阪

神地方に是非支部がほしいですね、誰かリーダーとなる人はありませんか?」（九月号）を始めとして、東京、浜松、福井等自己の居住地への設置を望む声が続けて投稿されている。「地方支部設置の話がでておりましたが之は大いに賛成です。誌友は家族の如き交際と団結を必要としますが故に。」（「蠟人形の家」十月号）に見られるように、読者は支部を交流の場として期待していたのである。地域の読者との繋がりを求めていた山本にとっても、支部設立は待望の企画だったのであり、九月号での設立提案を経て、十一月号には山本を中心とした神戸支部の開設告知が掲載される。翌十二月号には座談会等の活動計画を示した山本による「神戸支部便り」が早くも掲載され、「…今後愉快な友情を楽しむことに決定しました」と親睦を図る場としての支部の出発が告げられている。ここには「加藤憲治氏からの御委嘱で設立」との一節もあり、加藤は山本のような熱心な投稿者を軸とする形が支部第一号にふさわしいと判断したと思われる。

神戸同様、東京でも支部開設への道は、投稿活動を熱心に展開していた山崎、横山が拓いている。加藤による八年二月号「編輯後記」によれば、発端となったのは両者が提案したピクニック企画で、主催を「東京支部創立準備会」としたこの八年四月のピクニックを契機に、東京支部が発足する。山崎、横山は山本同様、投稿だけではなく、読者同士の交流を強く求めていた読者であり、山本や両者のように積極的で行動力のある読者の登場によって、創刊時から構想されていた支部開設が具体化されていった。注目されるのは、東京支部の発足に対して『蠟人形』からの支援が見られることで、このピクニックには西條、加藤が参加し、参加者たちとの親睦が図られていた。創刊当初に示されていた支部会合に西條が出席するプランを実現したこのピクニックは、加藤の八年五月号「編輯後記」に「…予期以上に多数の愛読者諸氏の参加を得、大成功であつた。」とあるように予想外の盛況を見せたらしい。六月号に掲載された横山、桃色「蠟人形ピクニツクの記」の一節「日本の偉大なる詩人、西條先生！　その方が今私達と御一緒にいらつしやる…夢ではないかと思つた…」や、同号「蠟人形の家」に投稿された「西條先生の御来駕、先生のお話、…私ばかりでなく誰でもの喜びだつたと思ひます。」からもうかがえるように、西條の出席は参加者に強い満足感をもたらし、支部活動への参加を促す力としても働いていた。例えば六月号「ピクニツクの栞」に「とつても愉快でした。先生・誌友総勢四十八人、…浅春の愛らしさを快く味ひました。」と投稿した佐野久仁男は、例会でも西條に接し「来月の合評会の早かれと念じて居ります。」との感想も記している。

こうした参加者の反応も影響したのか、加藤は七月号「編輯後記」で神戸のピクニックの低調さを憂慮した後、西條の関西旅行にあわせたピクニック計画を提案していた。実際十月には、久保が中心となって設立された京都支部のピクニックに西條は参加し、「西條先生に御会して、御話しゝて戴いて…心から感激しちやいました。」と東京同様参加者に強い感激を与えた様子が、八年十二月号「ピクニックのＢＡＮＱＵＥＴ」には描かれている。支部開設を進める読者の意欲に呼応する形で、誌面だけではない「西條主宰と読者との完全なる握手連結」として西條に親炙する機会が参加者に与えられたが、これらのピクニックにより、創刊当初に示されていた支部会合に西條が出席するとのプランも実現されたといえる。

加藤は十月のピクニックに先立つ九月号、十月号の「編輯後記」でこのピクニックに言及し、京都だけではなく「関西地方一帯の連合ピクニツク」として開催する案や、二支部間の提携を要請する等、関西の支部への助言を重ね、十二月号に載った記録が「蠟人形関西大会の記」とされるように、二支部合同の催事として開催されている。また東京支部についても、「幸ひ、東京支部は本社の膝下のせいか、健全な発達に進んでゐる。」（「編輯後記」八月号）と記すように、支部の滑り出しについて高い関心を寄せていた。神戸に続き東京、京都と支部設置の動きが進展するに連れて、『蠟人形』は、「本社」と支部との繋がりを深めていく方向に乗り出していったのであろう。八年十月号からは東京と神戸の、十一月号からは京都を加えた三支部の例会報告が、専用頁に並んで掲載されるように、支部活動を『蠟人形』運営の要素として重視する姿が打ち出され、支部の始動にあわせて、支部とその活動を『蠟人形』の組織に組み入れた「ピラミッド型の組織形態」も形成される。加藤は九年三月号の「編輯後記」で、支部の意義を強調し、「メンバーが互に啓発し合ひ、各人が成長する」ための「一つのグループ」の「形成」を訴え、支部の開設を研鑽の視点からも求めていた。『蠟人形』を「愛読者諸君の文学上の実際的学校であると共に諸君の相互的親睦機関」（「編輯後記」八年六月号）とした加藤は、同様の機能を支部にも想定することで、「ピラミッド型の組織形態」の中での支部と『蠟人形』の有機的な関係を模索していたのではないか。

第4節　支部活動の拡大

三支部開設以降も支部開設の動きは続いていた。九年の動きを見れば、既に八年七月号の「蠟人形の家」で神戸と京都に刺激され「大阪だけが情けない。」と述べていた吉川由朗を中心に、一月には大阪支部が生まれ、早速三月号からその活動を誌面に報告し始める。三月号「編輯後記」で加藤は、多くの参加者を得た大阪支部のスタートに言及し、続けて名古屋、横浜、福岡といった都市部を始めとする各地域での設置を慫慂するが、この要請に応えるように、二月には福島県支部が開設（福島県支部「福島県支部第一報」五月号）され、横浜も七月号「蠟人形の家」で、童謡などを投稿していた橋田友治が横浜在住の投稿者たちに設立を呼びかけ、八月に開設（「横浜支部創立第一回例会」十月号）されている。新たに開設されたこの三支部に対しても、五月には大阪支部の詩話会に西條、小林英俊、間司恒美（「西條先生歓迎　詩話会の記」七月号）が、十月の福島県支部の会合には帰京途中の西條（「中秋の一夜西條先生を囲み福島県支部歓迎茶話会の記」十二月号）が、横浜支部の十一月例会には西條、加藤、門田（「横浜支部第四回例会報告」十年一月号）が参加する等、『蠟人形』が活動を支援していく姿勢を引き続き見せている。さらに支部の開設ではないが、支部同様に読者の親睦を深める会として、九年十月には稲垣恒子を中心に女性読者だけの研究グループ「古城会」[9]も結成され（「古城会のこと」十月号）、例会には西條が出席し講義をしたこともあったとされている。[10]

十年以降の開設状況を十二年までの『蠟人形』への寄稿から見れば、開設後も例会報告を寄稿し続けた支部として、京城（十年二月号）、名古屋（十年七月号）、仙台（十一年四月号）、大連（十一年七月号）、根室（十一年八月号）、小倉（十一年十二月号）、佐渡、静岡（十二年七月号）の開設があり、その他姫路（十一年四月号）、富士（十二年三月号）、土浦（十二年六月号）が開設や開設予告のみを報告し、支部の名称を使わないものの、十年には飯能、豊原が地域での会合を複数回報告している。十三年以降も例えば福岡（十四年四月号）、新潟（十四年十月号）、和歌山（十五年十月号）、徳島（十六年三月号）、札幌（十六年六月号）等支部の開設や支部の再出発は報告されるものの、十二年までの開設数と比べれば明らかに減少している。主要都市での開設もほぼ十一年までに果たされ、七年から始まった支部開設の動きは、十二年頃に一区切りを迎えている。

支部活動の最盛期については、関西の支部を例に取れば、小林が「賑かな顔触で盛大なもので[11]」あったと回想している十年四月の関西大会頃からではないか。関西三支部が合同で主催したこの会には、小林の他にも、西條、加藤、さらには関西在住の富田砕花、喜志邦三も出席し、六月号「蠟人形関西大会の記」の吉川によれば「…定刻前にもかゝはらず既に予定の五十人を突破の盛況」で始まり、平手敏夫が「予期以上の大大盛会裏に会を閉じ」たと述べたような盛況を示した大会だった。既に述べたが、八年十月のピクニックを合同開催したように、京都神戸間の提携は以前から見られ、小林の回想では既に京都地区の読者が参集した八年五月のピクニックで合同機関誌の発行も検討されていたとされる。大阪支部発足後は三支部間の提携となり、九年には『関西支部会誌[12]』という合同機関誌も刊行されているが、この大会は三支部が展開してきた提携の成果を示すものとして、十年頃の関西各支部の活気をよく伝えていると思われる。

第5節　同人誌の刊行と支部活動の転機

さらに十年頃の支部活動の躍動を示す指標として、同人誌の創刊があげられる。加藤は十年八月号「編輯後記」で、「『蠟人形』の各地支部を中心として、同人詩誌が発行され出した。」と述べ、こうした動きを「これは西條主宰も常に希望されてゐたことで、非常にいゝ企てであり、又喜ばしい傾向である。」と称賛している。支部活動に研鑽の要素を求めていた加藤にとって、同人誌創刊はその積極的な姿勢の現れと判断し、評価したのではないか。加藤があげている「大阪支部の西村君吉川君等を中心にして『大阪詩人』神戸の青木、都君等で『アルブル』又横浜支部から『海港』など…」の三誌で、やはり関西地区の活発さが確認される記述となっている。このうち『大阪詩人[13]』『海港』については、志賀英夫氏の『戦前の詩誌・半世紀の年譜』に、それぞれ十年五月の創刊号と、十年十月刊行の四号が、『アルブル』についても、十年四月刊行の『ARBRE』三号が紹介されている。『ARBRE』の創刊時は不明だが、『海港』の創刊は、休刊後にまとめられた作品集『海港[14]』掲載の橋田友治「編輯後記」によれば十年五月であり、おそらく十年前半には同人誌を創刊させる活気が、複数の支部で醸成されていたのであろう。

同人誌創刊の動きは他の支部にも見られ、三誌に続く形で創刊された同人誌として名古屋支部の『幌馬車』[15]がある。十年七月号の「名古屋支部発会」で八月からの活動を予告した名古屋支部は、十一月号に九月の第二回例会を載せその始動を報告していたが、早くも十一月には原田定雄が編集兼発行者となり、「蠟人形名古屋支部」を発行所とした創刊号を刊行していた。確認できたのは、十二月刊の第二号までだが、この二号には、

一、本社は「幌馬車詩社」と称し蠟人形名古屋支部員を中心とする名古屋及び其の附近在住の新鋭詩人を以て結成する。
一、本社は詩を中心とする文学の創作、研究を以てその目的とす。

から始める「幌馬車詩社清規」が掲げられ、原田の他に丹羽哲夫等四名が編集委員として記されている。十二頁の創刊号には、原田を含めて五人の作品が載っていたが、二号は「後記」で「量は於正に二倍に達し…」とした通り、十一名が寄稿した二十二頁のものとなり、創刊号以降の規模の拡大がうかがえる。『幌馬車』のその後については、『蠟人形』翌十一年六月号「名古屋支部例会予告」に「持参品…幌馬車六月号」とあり、翌年以降も刊行されていたらしい。

その他の同人誌については、小林の「蠟人形の回想」[16]では「蠟人形の読者の機関誌としては京阪の関西支部機関誌が刊行されて〝ゆりかご〟〝小曲研究[17]〟に発展し神戸からも何かプリントが出たし郡山から〝蒼空[18]〟それから女性群で〝秘唱〟があつた。」と四誌があげられている。このうちの『小曲研究』(小曲研究社刊)は、十一年六月の創刊号を見れば、「日本小曲詩壇唯一の公器」(創刊号「宣言」)を謳い、小曲作品の他に、小曲についての批評や時評を掲載した同人誌で、大阪支部の西村睦美が編集代表者となり、編集委員に神戸支部の青木青磁と波々伯部武、さらに和歌山の岩橋脩が加わっているように、確かに「関西支部会誌」を「発展」させた同人誌となっている。「宣言」では、

純粋なる抒情詩のうちで、また最も純粋なるものは小曲である。即ち完璧の小曲を生産し得るものこそ、不滅の芸術的生命を約束されたる光栄の真詩人である。
『小曲研究』は、若き真詩人たちが未完成の真詩人たる自己を錬磨をすべき、理想的道場である。

とのやや大仰な意気込みや、

「小曲研究」の輝やかしき使命は、現在猶第二義的視されてゐる小曲を、新しき定型詩(本格詩)と呼称出来る水準まで引き上げるにある。

との刊行目的が記され、『蠟人形』の読者が愛好した小曲の質的向上が図られるとともに、「公器」性を意識して、大阪以外に、熱心な『蠟人形』投稿者や支部運営者のいる十四箇所に支社を置く等、関西だけではなく各地の支部会員や読者を含めた広範囲の展開が目論まれていた。『蠟人形』十一年七月号「編輯後記」で加藤は、各支部の同人誌刊行に触れて「これらを統一して大同団結したもの」の刊行を提案するが、『小曲研究』はこの提言に沿った創刊でもあったといえる。実際創刊号の執筆者も関

西に留まらず、晶玲子や西村由美子、瀧川厳等の各地の支部や投稿誌面で活躍していた者の作品も掲載されている。支部活動の活発化は、支部会員の表現意欲を高め、同人誌創刊を促したと同時に、支部の枠を超えた場も求めていく積極性も引き出したのであろう。『ゆりかご』『蒼空』『秘唱』については、創刊号の西村睦美「小曲時評」に誌名が見られ、三誌が『小曲研究』創刊時に刊行されていたことが確認できる。

一方で『小曲研究』創刊の頃から、支部活動に転機が訪れていたらしく、十一年以降、「支部ニュース」欄には、早い時期から例会等の活動を展開させてきた支部から、活動停滞を語る報告が寄稿されてくる。一番早く支部活動を始動させた神戸では、十一年前半には活動についての寄稿がなく、「ながいあひだ沈黙を守つてゐる」（大砂辰一「蠟人形神戸支部再建の記」十一年七月号）状態となっていた。同様の事態は名古屋支部にも見られ、『幌馬車』の発行人であった原田定雄が名古屋を離れ、丹羽哲夫が運営を引き継いだ（丹羽哲夫「名古屋支部第七回例会報告」十一年三月号）ものの、丹羽が同人誌『偶像』を刊行していた（「蠟人形の家」十二年二月号）ためもあり、「長らく休養」（「名古屋支部復興第一回例会予告」十二年二月号）していたと報告されている。ほぼ名古屋と同時期に京都支部の「更正」「再起」も提案（「京都地方の愛読者諸君へ」十二年一月号）され、十二年十二月号には「久しい沈黙」が続いた後の大阪支部「再興第一回」の様子が寄稿（「大阪支部九月例会レポ」）されている。確かに京都は十一年以降、大阪は十二年四月号以降、支部の活動を伝える寄稿は見られず、横浜支部も「海港」休刊後の十二年一月号での寄稿を境に「しばらく解散状態」（「横浜支部再興第一回例会」十三年六月号）になったとされる。東京支部も同様で、十二年の号には「詩友は僅かに十名。支部の諸兄姉よ、秋からはか丶る珍現象を呈さぬやう希望いたします。」（「東京支部例会メモ」九月号）、「二ケ月ぶりだつたのにさみしい会でした。」（「東京支部九月例会の記」十一月号）といった参加者の少なさを嘆く声が寄稿され、十三年になると例会を「久しく休んで居」（阿部圭一郎「東京支部九月例会予告」九月号）る事態にもなっていた。さらに福島県支部も「一時解散」（「郡山支部再設立報告並に四月例会予告」十二年四月号）していたと記されるように、十年までに開設された多くの支部が、十年から十二年にかけて活動の最盛から減退への経過を辿っていた。

しかし活動の停滞とともに、神戸や京都のように支部の「再建」「更生」の提案や「再設立」を報告する投稿からもうかがえるように、支部活動への意欲も表明され、例会再開の告知も寄稿されている。「支部ニュース」によれば、「蠟人形神戸支部再建の記」での提案通り、神戸の支部活動が十一年九月に再開（「神戸支部九月例会記」十一年十月号）され、名古屋も予告通り十二年二月に「復興第一例会」（「名古屋支部復興第一例会」十二年四月号）が、京都も三月に「更生第一回詩話会」が、福島も「郡山支部四月例会」が、大阪も九月には「再興第一回例会」がスタートし、東京、横浜は十三年以降となるものの、加藤が「各地支部が活発な活動を初め出してきた。」（「編輯後記」十二年八月号）と述べるような状況が十二年には現れていた。時期に相違はあるにしても、早くから活動していた地域の支部活動には、隆盛から停滞を経て、さらに再始動に向かう動きがうかがえる。

注

（1）横山青娥『西條八十半生記』（昭和四十八年一月　塔影書房）

（2）竹久夢二による表紙画は、五年八月号での蕗谷虹児を除き六年三月号まで続き、その後は十二年五月号まで河野鷹思が、以降は三岸節子を中心に河野、福沢一郎等が担当していく。

（3）「西條八十年譜」（『西條八十全集　別巻　著作目録・年譜』（西條八十全集編集委員編　二〇一四年七月　国書刊行会）

（4）中村伊佐治、稲垣恒子（第一回）三井良尚、秋山紅村、梅村清、田中信子、小堀きみ江、飯塚稜威子（第二回）

（5）『蠟人形』で活動していた四十八名の詩人が同人となって創刊された詩誌。創刊号の「あとがき」には、編集兼発行人の門田穣による「われわれは大体『蠟人形』に拠っていた詩人達です。世ではわれわれを『蠟人形派』と呼んでいたやうです。その呼称の意味する処は知りませんが、われわれは敢て『蠟人形』の精神を継承して、『プレイアド派』を唱へたいと考へています。」との記述がある。

（6）松村美生子「たたんだ翅を」（『霧の唄　晶玲子遺稿集』所収　昭和五十九年）

（7）小林英俊「蠟人形の回想」（第二期『蠟人形』昭和二十一年六月号）

（8）鈴木貴宇「蠟人形」（二〇〇八年二月　安藤元雄・大岡信・中村稔監修『現代詩大事典』三省堂）

（9）中村秀雄「秋野さち子年譜」（『秋野さち子全詩集』二〇〇六年五月　砂子屋書房）によれば、昭和十三年の項に「『古城会』自然解散」と記されている。

（10）西條八十「黒い故蝶」（第二期『蠟人形』昭二十三年三月号）

（11）注（7）に同じ。

（12）確認できた『関西支部会誌　三輯』は昭和九年七月発行で、奥付には「編輯兼発行者　浅見勝治」「発行所　蠟人形京都支部」と記載されている。

（13）志賀英夫編著『戦前の詩誌・半世紀の年譜』（二〇〇二年一月　詩画工房）

（14）奥付によれば、昭和十一年十二月刊行で「編輯兼発行人橋田友治」と記載されている。

（15）創刊号、二号とも奥付には「編輯兼発行人　原田定雄」「発行所　蠟人形名古屋支部」と記載されている。

（16）注（7）に同じ。

（17）創刊号の奥付には「編輯代表者　西村睦美」の名前の他に、「発行者　木村康一」「発行所　小曲研究社」「編輯部　小曲研究社」と記載されている。

（18）塩谷賢寿（「蠟人形の家」十一年二月号）によれば、十一年一月に岡登志夫（＝丘灯至夫）を発行責任者にして東京で創刊されている。

第2章　詩誌としての『蠟人形』

第1節　「詩中心」の強化

前章で見たように、支部活動の始動とともに、『蠟人形』は小林英俊のいう「活況」の時期を迎えるが、六年九月号以降編集の実務を担当していた加藤憲治は、読者の組織化に力を注ぐ一方、『蠟人形』の詩誌としての性格も強めようとしていた。例えば七年二月号の「編輯後記」には、今後の編集方針を明示した次のような一節が記され、

> 蠟人形は以前から詩中心の文芸雑誌といふことを標語にして来ましたが、今後は一層その色彩を濃厚にして発展する計画です。その計画は来月号あたりより次第に実現してゆく予定でありますが、これは現在日本において詩界の公器となるべき詩誌のないのを概嘆しての結果、――即ち蠟人形を措いては他にその器となるべき雑誌がないのです。蠟人形こそはその使命を担ふ雑誌です。

と「詩中心」の強化と公器的な詩誌への意欲が語られる。翌三月号の「編輯後記」でも、

> 顧るに、詩は従来日本の文芸界より稍々もすると虐待され勝ちでした。又片隅に幽閉され、軽視されてゐたのでした。この意味からしても、われ〳〵は詩の擁護運動を、詩の解放運動を敢然起つて起す義務があらうと思ひます。幸ひ本誌がその運動のため幾何の貢献するところがあれば、それはわれ〳〵の非常に欣快とするところであります。

のように、『蠟人形』刊行の姿勢が詩壇全般の問題と重ねられて述べられている。加藤は、主宰者西條をアピールする方向を継承しつつ、公器的な性格も『蠟人形』に与えようとしたのであろう。確かに六年九月号以降、萩原朔太郎、春山行夫、室生犀星等の新たな寄稿者が登場し、さらに横山青娥「現代詩人の鳥瞰図」（七年一月号）や、四十人の詩人から回答を得た「現代詩壇に寄す」（七年九月～十月号）といった詩壇を展望した企画も掲載され、多面的な誌面作りが進められている。

注目されるのは、詩の現状についての危惧に加えて、加藤は同時代の詩壇に対しても痛烈な批判を表明していることで、七年十二月号に掲載された加藤の「蠟人形投稿文芸の一年間」では、「…現在のやうな分裂時代と無政府的状態を数年来依然として継続してゐるわが国詩界…」「…コオールタールの池みたいな現詩界…」といった過激な表現で詩壇の現状が批判されている。八年の号でもこの傾向は継続され、春山行夫（三月号）、江口隼人（四月号）、菱山修三（五月号）による「現代詩壇を打診す」と題した詩壇批評の四回目として、八月号に加藤は自己の詩壇観を載せ、中堅詩人の「無気力」等を指摘し、「何んとなれば下らない現詩壇はむしろない方がよい。なくなれば、新らしい草はそこに芽を出すであらう。」と結論付けるような痛烈な批判を展開している。詩壇を展望する「詩界の公器」的な誌面の中で、加藤は自己の詩観を積極的に発信したといえる。

公器的な詩誌を意識した方向は九年の号でさらに強く打ち出されていくこととなる。加藤は三月号の「編輯後記」で、再度「本誌のレエゾン・デーテルは詩中心の文学雑誌」と記し、八月号の「編輯後記」でも「…詩の読者、又は詩を作る人の意想外に多いといふことの発見は、本誌の編輯方針が従来詩中心の文学雑誌といふところにあるが、もつとそれを強化しなければならぬ…」との姿勢を語るが、この志向は、山内義雄、岡沢秀虎、中西大三郎、柾不二夫による「世界詩壇の現況（1）～（4）」（七月～十月号）、川路柳虹「詩の回想（1）～（4）―明治大正詩壇の回顧―」（九月～十二月号）、長田恒雄、門田穣、加藤による「新刊詩書厳正批評」（十月～十一月号）のように連載企画の登場として具体化される。さらには十一月号には「詩の雑誌であつて、『詩壇時評』がないのはどうも可笑しいぢやないかといふ意見もあり」（「編輯後記」）、喜志邦三による「詩壇時評」も掲載される等、詩誌にふさわしい内容の充実が図られている。加藤が編集を担当して以降の『蠟人形』は、投書雑誌としての組織整備が進められる一方、回想や評論等のジャンルも充実させていった。

八年、九年の号に現れた公器性も持った詩誌としての方向は、十年以降の号にも継続され、例えば十年一月号では、九年の号までになかった「全国詩人名簿」や多数の詩人からの寄稿「諸家に訊く」、さらに十年の詩壇を展望した春山行夫「一九三五年の詩に対する断想」が載り、以後の一月号に踏襲される誌面構成の始まりとなっている。一月号以外を見ても、詩論の特集や連載企画が目立ち、二月号では「現代詩の探究と批判」として外山卯三郎、青柳優の二詩論が、三月号でも「新らしき二つの詩論」として瀧下繁雄、世田三郎の論が、さらに「現在、詩についての批評がもつと活発にならなければならぬと思ふ。」（「編輯後記」六月号）との視点から、六月号から十月号まで「新鋭詩人一人一論集」として、安藤一郎、岩佐東一郎（六月号）、倉橋彌一、丹野正（七月号）、近藤東、瀧下（八月号）、江口隼人（九月号）、横山青娥（十月号）の詩論が掲載される。岩佐の「詩人営養不良論」や丹野の「現代詩の特徴」のように、同時代の詩人や作品を鳥瞰した立場からの批評が載せられるとともに、青柳の「リアリズム詩に就いて」、世田の「新興諷刺詩のために」や江口の「韻律詩論をめぐる」のように問題を絞った批評も見られ、また江口の韻律論批判に対しては横山が翌号「物に徹する心」で反論するとの論議からもうかがえるように、特定の問題や主張に偏ることなく、詩や詩壇の諸問題が広く論じられている。十年十二月号「編輯後記」では、

…今年の本誌自身について見るのに、従来よりも余程編輯傾向が変わつてきたと思ふ。「詩中心」といふ言葉を積極的に強化した方針を取つた。これはどこまで強めて行つてゐゝものか。又内容の程度も意識的に高めてきた積りである。

と述べるが、多くの詩論掲載には、このような加藤の試みが働いていたのであろう。

十一年の誌面でも、連載企画は見られないものの、詩論の掲載は続き、阪本越郎「新浪漫的詩の抬頭」（三月号）、外山卯三郎「現代日本の詩形について」（八月号）や「詩精神の前進に

ついて」の題名で括られた春山行夫「詩人の出発」、北川冬彦「詩・抵抗」（九月号）、安藤一郎「英国新詩運動の烽火」（九月号）等が掲載され、同時代詩を展望する姿勢が誌面からうかがえる。さらにいえば、同時代詩への視線とともに、詩壇を回想する企画もこの時期の『蠟人形』では展開され、九年の川路の回想に続き、十年の号では日夏耿之介「三人の少年詩人（1）～（5）」（六月～七月、九月、十一月～十二月号）が載り、十一年の号でも川路、前田鉄之助、百田宗治、神原泰が寄稿した特集「詩壇華やかなりし頃」（六月号）、加藤介春の「自由詩発生時代」（七月号）、深尾須磨子、生田花世、森三千代、中原綾子による特集「詩とわが娘時代」（八月号）が、翌十二年の四月号では西條や吉江喬松、瀧口修造等による特集「象徴主義の再検討」が編まれている。こうした過去の詩壇状況を眺望する企画にも、「『詩』中心」の姿勢が反映されているのであろう。

第2節　加藤憲治の発言

　このように詩誌としての内容が深められる一方で、同時代の詩状況に対する加藤の発言にも変化がうかがえる。既に見た通り八年八月号の「現代詩壇を打診す」等で辛辣な発言を繰り返していた加藤は、九年十二月号「編輯後記」でも、詩壇展望の記事が掲載されない理由として「本年は、いや昨年も一昨年も、その又前もさうであつたが、わが国の詩界には決算されるものがないのである。」と述べ、詩壇への厳しい視線を引き続き述べていた。しかし十年の号では「行きつまつてゐるプロレタリヤ詩と、余りに末端的なシユール・レアリスム詩」（「編輯後記」十年四月号）と厳しい言及を示しながらも、「長年の間低迷してゐたわが国の詩界は旧臘末から確かに復興の途を辿つてきてゐるやうだ。」（「編輯後記」十年一月号）「歩みは至極のろいが、今年に這入つて詩は確かに復興の気運に向かつてきたやうだ。…詩壇は数年間壊滅状態にあつたが故に、返つてよき再建を持つことが出来たとも言へよう。」（「編輯後記」十年九月号）との観測も語り始める。十二月号「編輯後記」にも「詩の復興」への言及があり、翌十一年一月号「編輯後記」でも、「昨年は確かに再建の端緒につくことを得たと思はれる。」と繰り返され、「復興の気運」が強く表明されている。

　十年の号では、「復興の気運」のみが強調されるだけではなく、詩壇の傾向を視野に入れた「詩の復興」の可能性についても言及されている。加藤自身も九月号「編輯後記」で、「復興の気運」を示す具体例として、川路柳虹『詩学』[1]、萩原朔太郎『純正詩論』[2]の刊行と、文芸誌への詩掲載をあげているが、十二月号「編輯後記」には、この観測と重なる同号掲載の喜志邦三「新精神の萌芽期」の紹介を通して、川路や萩原の詩論に見られる潮流等への注目が語られている。「新精神の萌芽期」は、「定形詩に対する再認識であり、詩学乃至詩作の方法論に対する考察の抬頭」と「浪漫主義精神の復活」の二点を、「昭和十年詩壇の新現象として最も注目すべきもの」としながら、十年ではともに「萌芽期」の段階で留まっていると述べた論で、加藤が注目した現象への位置付けと評価が、拡大された視点からなされている。この喜志の論を加藤は同じく十二月号に載った新居格の「昭和十年を見送る」とともに、「編輯後記」で言及し、「行動主義とか能動精神とか、新浪漫主義とか韻律定形詩論」を「…傾聴に値するやうに見えた提議」と評価するとともに、両論で共通して指摘された「新らしいイズムや主題はあつたにかゝはらず、それらは一向に結実しなかつた」点を踏まえ、それらの可能性について、あらためて自問を重ね、喜志の見解を踏襲する形で、「詩の復興」を探ろうとしていた。

喜志が提示した二傾向に、詩の方向を想定する加藤の姿勢は、同じ十二月号掲載の「本年の本誌投稿作品について」からもうかがえる。新散文詩の傾向が投稿作品から減少した点を取り上げ、詩の流れを「自由詩から新散文詩、そして新散文詩から韻律詩へ」と記すように「韻律定形詩論」の示す方向が予測されている。ただし「果して進むものであるか。」との問いも付言され、「編輯後記」同様、加藤自身は、この動きの進展を注意深く見ていく姿勢を示している。「浪漫主義精神の復活」についても同様で、十一年三月号に掲載された阪本越郎「新浪漫的詩の抬頭」を巡って、三月号「編輯後記」では、「この頃、文壇にも、詩壇にも新らしくロマンテイスムの運動の台頭を見る。」とし、「この提唱は大いに論議され批判されなくてはならぬもの」と述べ、「浪漫主義精神」への論議の深まりを期待している。加藤は、十年から十一年にかけてのこの時期、二傾向について、その進展を期待しながら見据えていたといえる。

この二傾向のうち、加藤は「新散文詩から韻律詩へ」の方向に「詩の復興」の可能性を求め、十二年二月号「編輯後記」での「現在の日本の詩は定形詩又は律格詩に進んで行くより他に道はないやうに考へられる。」との確信にまで進むことになるが、この進展を促したのは、同時代の詩壇や詩人に対する厳しい視線と、その視線から導かれた「詩の復興」の方向だったと思われる。「編輯後記」では、先の確信に続けて、「定形詩又は律格詩」を「…現在の頽勢の詩を何とか動きをとらせる方法の一つ」として評価し、同号掲載の川路「新律格詩主張の根柢」と関連させながら、その評価の背景を次のように述べている。

> 反社会的に偏してゐる詩を社会的に発展せしめるためには、どうしてもデゾルドルの形式をオルドルの形式に改編成してゆくより致し方あるまい。その意味において今月号の川路柳虹氏の新律格詩論は今日において最も必然性と妥当性とを持つてゐるものと思惟される。

「詩を社会的に発展せしめる」の語句からもうかがえるように、この時期の加藤の問題意識は、詩をめぐる環境に向けられていた。続く段落で「過去十余年間の日本の詩は一様に同人雑誌的歩みを続けてきた。」、「『読者』といふものを全く考慮しない変則の歩みをなしてきた」と述べるように、詩壇の現状が読者の問題から危惧され、その「頽勢」が指摘される。この「編輯後記」以外でも、十一年から十二年にかけては、「詩を衰滅」させるのは「自分以外に読者を持たない詩人」（「編輯後記」十一年五月号）や、「読者のない詩壇、又は読者は所謂詩壇の詩人同志《(ママ)》」（「編輯後記」十一年十二月号）等の辛辣な評言が相次いで語られ、詩壇の閉塞性が強調されるとともに、その状況を打開するための「詩の普遍化」や「大衆に詩を植ゑつけること」（「編輯後記」十一年三月号）の必要性が訴えられている。

一方、このような否定評を反転させた読者を重視する視点から、「詩の復興」への道筋も提唱され、「詩を発展さす」方向への「一つの方法」として、詩人には「読者層を開拓すること」（「編輯後記」十一年十二月号）が要求され、『蠟人形』の方向についても、「驚く程の多数の読者を保有してゐるといふ事実」の指摘に続けて、この「事実」を「一つの重大要素として、詩の進歩の方法の上に実践的に取り入れること」が求められていることをあげ、「詩の再建は『多数者』の上に築かれなければならぬ。」（「編輯後記」十一年五月号）との課題が提唱される。十二年二月号の「編輯後記」にも、「詩自らの進歩」と「『読者』といふエレメント」の「…二つの相反したやうに見られる方向を一致せしめるところに本誌の存在理由がある」との記述があり、読者を視野に入れた「詩の進歩」を加藤は求めていた。「定形詩又は律格詩」の傾向は、こうした加藤の志向に応える「実践的」な取り組みとして歓迎されたのであろう。

第3節　加藤の提起

十二年二月号「編輯後記」等で表明された「定形詩又は律格詩」への支持は、誌面構成にも反映されている。川路柳虹「新律格詩主張の根底」（十二年二月号）の直前にも、「…今度こそ本気で、新しく詩の形式の再建設に努力すべく、立戻つて来るにちがひない。」と結ばれる西條八十「詩壇の危機」（十一年十二月～十二年一月号）や、「現代詩の再建はどうして達成されるか。…新らしい定型をつくる観念を確立すること…」と結論付ける佐藤一英「一九三七年の詩壇にのぞむ」（十二年一月号）が掲載され、加藤の詩観に沿った詩論が展開されている。川路は先述した「詩の回想（1）～（4）―明治大正詩壇の回顧―」や「詩壇華やかなりし頃」（十一年六月号）といった詩壇回想の他にも、詩やエッセイを寄稿した『蠟人形』掲載の多い詩人でもあった。「新律格詩主張の根柢」は、十一年十二月号での詩「抒情二章」直後の掲載であり、以後も川路にインタビューした西尾洋「川路柳虹氏との一時間」（十二年五月号）を始め、エッセイでは「ローマ字綴りについて」（十二年九月号）、「新涼詩談」（十三年九月号）と掲載が続いている。佐藤についても初登場となった「一九三七年の詩壇にのぞむ」以降、佐藤へのインタビュー、西尾「佐藤一英氏との一時間」（十二年十二月号）を始め、エッセイ、詩論では「聯と新定型詩運動」（十三年六月号）、「第三のもの」（十四年一月号）、「日本詩の性格の一角にふれて」（十四年十一月号）が、創作でも十二年六月号、十三年一月号と掲載されるように、『蠟人形』は佐藤の成果を発表する詩誌ともなっていく。

このような川路や佐藤の掲載と照応するように、この時期加藤自身も、「通俗詩の新しい役割」（十一年十月号）、「詩壇的私語」（十二年三月号）、「ローマ字詩運動の理由」（十二年五月号）、「詩壇的私語」（十二年七月号）と活発に自己の詩論も発表し続けている。「編輯後記」と「今年度の本誌投稿作品について」（十一年十二月号）のような投稿作品講評以外では、ほとんど自己の詩観について発言してこなかった加藤だが、十二年二月号「編輯後記」に見られた「詩を社会的に発展せしめる」ことの必要性を訴え、『蠟人形』に一つの方向を与えようとしていたと思われる。この点から見れば、『蠟人形』の読者が好んだ小曲等の「通俗詩」を再評価した「通俗詩の新しい役割」に続く三月号の「詩壇的私語」が、加藤自身の詩観を整理し、さらに発展を図った論として注目される。「―『詩の社会的発展策』を中心にして―」と副題されたこの論では、十二年一月号のアンケート「一、わが国の詩を社会的に発展繁栄せしめる方策について？　二、詩歌懇話会に対する御所感？」のうち、「一、」への回答に関連させて、「詩の社会的発展」の必要性とその道筋が辿られ、二月号「編輯後記」で記述された詩観が集約された後に、あらためて「詩が社会的になるためにはどうしても定形による詩の表現が必須の第一条件となつてくる。」、「近来の定形詩運動は詩の社会的、文化的発展のための一つの手段方法である…」との判断が語られる。

さらにこの論では、「編輯後記」では言及されなかった音声の問題もあわせて提起されていた。当時は詩の朗読への関心が高まっていた時期でもあり、北川冬彦からの回答「先づ何よりの急務は、詩に『声』と『音』とを与へること」を紹介しつつ、「目で読む詩から、口で語り、歌ひ、それを耳で聴くところの詩の再興」を求める加藤の見解も、そのような傾向を反映させた発言であろう。『蠟人形』でも、十一年二月号に稲田今日介「詩の朗読について照井瓔三氏に訊ねる」が、八月号には加藤も出席した朗読会を報告したO・P・Q「東京詩人倶楽部の『詩朗読会』を聴く」が載り、この論以後も長田恒雄「詩朗読論」（十二年五月～六月号）、長田「『詩の夕』の報告」、田中令三「東京詩人クラブ主催『詩の夕』の印象」（十三年三月号）、草野心平「朗読一歩前進」（十三年四月号）と、朗読や朗読会への関心の高さは『蠟人形』の誌面にも現れていた。ただしこの「詩壇的私語」では、詩の音楽的要素への着目を、朗読への言及ではなく、「社会的発展方策」への経路として位置付け、「目で読む詩から、口で語り、歌ひ、それを耳で聴くところの詩の再興」となるローマ字詩の創作が論の末尾では提唱されていた。

「詩壇的私語」での提唱に続き、加藤は『蠟人形』を舞台にしたローマ字詩の実作運動を呼び掛けていった。説明が簡略であったためか、「ローマ字詩運動の理由」（十二年五月号）では、川路、佐藤に言及しながら「今日詩の形態が問題にされてゐる」状況と、さらに「日本の在来の詩の欠陥たる『音』の問題」の指摘を通して、ローマ字詩が求められる背景や意義が論じられるとともに、『蠟人形』での投稿欄設置が予告され、五月号の「編輯後記」でも、「本誌を中心にしてローマ字詩の実際運動にかゝる。」と「第一歩を踏み出す」姿勢を明らかにしていく。この五月号には大島博光が試作した「Elegie」が、さらに六月号には大島がローマ字表記で訳したアラゴンの「20-Seiki」が載り、その後も投稿以外では以後八月号に山本格郎（紅児）の「Siroi Tori」が、九月号には川路の二作「Aki no Sue」「Byouin」が掲載され、加藤の奨励に応えた成果が発表されている。加藤の姿勢を支援する論も掲載され、実作を発表した川路は同じ九月号に「ローマ字綴りについて」を寄稿し、喜志邦三による十二月号の詩壇展望「戦争詩、韻律の問題など―昭和十二年度詩界の回顧―」でも韻律の問題に関連させて「『音』の世界、音楽美の世界を、もう一度詩人の手に奪還しようとする運動」との加藤の意図に沿った理解が述べられている。一方投稿掲載を見れば、八月号に六編が掲載された後は、十二年の号には掲載されず、通信欄「蠟人形の家」にも、「あれやこれやと苦心して、漸く精一杯のローマ字詩を作りました。思ふやうに思想を紙面に表し得ないのが、何より残念です。」（八月号）、「ローマ字詩はちよつとむづかしくつて」（十月号）とあるように、ローマ字詩を敬遠する傾向がうかがえる。こうした状況を意識してか、加藤は「本年の本誌投稿作品」（十二月号）では、再度ローマ字詩の意義を強調した後、「…第一歩しか踏み出すことが出来なかつたが、明年はこの運動のために活発な行動を起すことを計画してゐる」として、積極的な投稿を募っている。しかし十三年以降十四年の号まで、投稿募集欄にローマ字詩は記載されるものの、投稿作品が掲載されることはなく、ローマ字詩運動は問題提起の段階からほとんど進むことはなかった。

第4節　定型詩運動への共感

ローマ字詩については、期待通りの成果は得られなかったものの、加藤が十二年三月号「詩壇的私語」等で強調した「詩の社会的発展方策」の必要性と方向は、その後も表明されていた。十二年十二月号「本年の本誌投稿作品」では「詩の形式上の問題が論議され、今迄顧られなかつた詩の音的要素が再検討され出してきた。」、「川路柳虹氏の新律格詩論、佐藤一英氏の新韻律詩論等の提唱等は…音楽要素の再奪取をすることを意味してゐる。」と指摘した上で、「これは詩自身の問題としても、亦対社会的に見ても極めて妥当」との評価が加えられ、「詩型や韻律の問題」から「詩の社会的発展」を探る姿勢が継続され述べられている。このように「本年の本誌投稿作品」では、「近来の定形詩運動」として「ローマ字詩運動の理由」同様、川路柳紅、佐藤があげられていたが、翌十三年以降「近来の定形詩運動」への期待は、佐藤の詩論と佐藤自身が創案した四行定型詩「聯」への言及を通して語られることとなった。

佐藤の「一九三七年の詩壇にのぞむ」が掲載された十二年一月号「編輯後記」には、同号掲載の三木清「詩の現代における役割」への評価に続けて、「今日の詩が陥ち込んだ不振、頽勢の原因と理由について考察され、又その対策が講じられるべきとの提起と、佐藤の論への「この意味において…傾聴すべく興味あるものとなつてくる。」との評価が記され、二月号「編輯後記」で示される方向が示唆されていた。「一九三七年の詩壇にのぞむ」に現れた佐藤の「新韻律詩論」への注目から、以後六月号の「聯四篇」、十二月号のインタビュー記事「佐藤一英氏との一時間」、さらにその後の創作や詩論の掲載と『蠟人形』での掲載が重ねられたと思われるが、さらに加えて、十二年頃より「新韻律詩論」の実践であった「聯」が活発に発表されていった経緯も、佐藤への期待を一層強めたのではないか。

十年刊の『新韻律詩抄』(3)に既に十三編が収録されていたように、佐藤の「聯」創作は、『蠟人形』登場以前に遡るものの、「一九三七年の詩壇にのぞむ」末尾で「現代詩の再建はどうして達成されるのか。…新しい定型をつくる観念を確立すること。それが急務であらうと思ふ。」と述べた十二年に、「聯」の創作を本格化させる。六月号「聯四篇」を始めとして、『四季』九月号に四編、『中央公論』十月号に七編、『日本詩壇』十二年十一月号に四編、『蠟人形』十三年一月号に四編と、「聯」の発表が相次ぎ、十二年以降の一年間に「多くの雑誌に聯を四五十篇」（「詩の確立と聯詩運動」『日本詩壇』十三年八月号）掲載するほどの力を、佐藤は「聯」創作に注いでいく。「佐藤一英氏との一時間」でも、詩作姿勢への聴き取りを中心に、「新韻律詩」の提唱者として精力的に詩作に取り組む佐藤の姿が描かれ、「新韻律詩論」の実践がクローズアップされている。

一方佐藤も『蠟人形』を、「聯」を認知させる有力な詩誌として意識していたようである。比較的早い時期の雑誌掲載となった六月号「聯四篇」には、その末尾に「以上四篇の詩は新韻律詩と呼ぶものの一定型に属す。委しくは一昨年出せし拙著『新韻律詩抄』（小山書店版）及近刊の『新韻律詩作法』（ボン書店版）[4]について知られたし。」との「註」が付記され、「聯」の紹介に努める姿勢がうかがえる。同様の文章は『日本詩壇』掲載の「聯四篇」にも載っているが、翌十三年一月号「聯四篇」の「附記」には紹介ではなく、

私は本誌のローマ字書き主張には賛成である。私は詩を書き始める年少の頃から、文字を重大視しなかつた。…読者諸氏は「聯」をローマ字で詩作して見られよ。詩の未知の秩序に触れるであらう。（佐藤）

と、加藤が提唱していたローマ字詩運動に重ねる形で、読者の関心喚起と創作奨励が記されている。また『科学ペン』十三年四月号の「詩語と文語と口語」では、「詩を中心にして言語問題が正しく論じられてゐる」ため、三木清の「詩の現代における役割」からの大幅な引用が見られるが、この記述には十二年一月号「編輯後記」での加藤の言及が意識されていたと思われ、十二年から十三年にかけての佐藤への注目と呼応して、佐藤の視線も『蠟人形』に向けられていたのであろう。

このような『蠟人形』と佐藤の繋がりを通して、十三年六月号「編輯後記」[5]には、加藤による「聯」への強い期待が語られていく。佐藤の年譜に「二月二十八日、『聯詩社』を結成、声明書を配布して聯詩運動を起す。」、「四月、…新定型詩誌『聯創刊準備リーフレット』を発行」と記されるように、十三年は「聯」の普及、「聯詩運動」の拡大に乗り出した年であり、『聯創刊準備リーフレット』の「聯による詩作をすすむ」、『科学ペン』五月号の「聯の詩学」と「新しい定型をつくる観念」（一九三七年の詩壇にのぞむ。）の発表が続いていた。『蠟人形』六月号にも「聯と新定型詩運動」が掲載されるが、前二者が短文、あるいは断片的な記述であるのに対し、「聯と新定型詩運動」は、「聯」が提唱される背景、さらには一編四行、各行十二音句、各行の頭韻による結合といった作品規程等を語った「聯」の概説と「聯詩運動」の活動宣言をあわせたようなエッセイであり、年少の詩愛好者を読者層に持つ『蠟人形』を通して、「聯」の存在を広く告知することが意図されていたと思われる。加藤はこの掲載を踏まえ同号「編輯後記」に、

佐藤一英氏の新定型詩としての聯詩運動に関するエッセイ、これは氏の年来の力強い主張であり、詩壇人も傾聴すべきものである。われわれは理論を全部賛成したい。そしてこの他に数種の進歩的

定型が今後生誕することを期待したい。

と記し、全面的な賛同を表明する。さらに『聯』一巻三号（十三年七月）にも、「聯の論には全部的に賛成することができる。」[6]のコメントを寄せ、十三年八月号の「詩壇時評」にも、十二年三月号「詩壇的私語」等で語られた自己の詩観を再論し、

私は詩の普遍化のため、即ち詩と民衆の調和のために、詩が音韻の再摂取をすること、耳から響き入る詩を創めること、そしてそのためにローマ字詩を提唱したが、佐藤氏の聯運動も詩の普遍化、詩の大衆への進出のための運動として、そこに意義と理由とを見出すものである。

との記述がなされている。

第5節　加藤の目指したもの

前節で見た加藤の「聯」への評価には、「詩の普遍化」への期待に加えて、短歌、俳句への問題意識も影響していたのではないか。「詩の社会的、文化的発展」を求めていた加藤は、「近来の定形詩運動」にその可能性を見出すとともに、「詩が社会的になる」方向への障害も、詩と短歌、俳句との関係を通して警戒していた。例えば十三年五月号「編輯後記」では、「『日本的』なる名の下に、詩をして旧代の短歌、俳句に合流せしめんとする考へ方」を指摘し、詩の「発展と前進を阻止せんとするひとつの謬見」になるのではとの危惧と、この「謬見」に対する「旧代の短歌、俳句と新しい詩との差異区別」の追究を提起している。加藤はその「差異区別」の好例として、同号掲載の三木清「詩と科学」をあげ、「科学の精神をいかに身につけるかといふ点に、俳句や短歌に対する詩の独立的発展が懸つてゐると考へ得るであらう。」、「…詩が短歌や俳句に対して独立性を確立するには、詩人が特に科学の精神…を体得することが必要である。」のような記述に見られる「差異区別」への「明確な解釈を厳然と下してゐる」姿勢に注目し、「旧時代の『日本的』なものに後退することよりも、新しき『日本的』なものを創造すること」の重要性を訴えていた。

「聯」評価には、こうした短歌、俳句との「差異区別」を求める姿勢と、「近来の定形詩運動」への期待が複合されていたと思われる。「差異区別」の問題は、佐藤の「聯」論でも重要視されていた論点で、「長歌・短歌・連歌・俳句と、どの歴史的段階に於ても構成的な詩は見られなかつた。」（「聯と新定型詩運動」十三年六月号）のに対し、「聯とは伝統の日本詩歌がつねに拠りどころとしてきた十二音句を最も合理的な最小の構成形態としたもの」（「聯による詩作をすすむ」）であり、「韻律的建築」による「構成の原理」（「聯と新定型詩運動」）の優位性が語られている。佐藤によれば、「新定型詩運動を成功させることによつてのみ、短歌・俳句に対立して始められた明治以後の新詩の運動を勝利へ導く」（同上）のであり、おそらく短歌、俳句との「差異区別」や対抗意識を打ち出す佐藤の姿勢に、加藤は自己の志向していた方向との一致を確認し、「聯」を「新しき『日本的』なもの」と見なしたのであろう。「詩の社会的、文化的発展」をもたらす「明解な論理と具体性を帯びたもの」（「詩壇的私語」

十二年三月号）を求める加藤の姿勢が、「聯」への強い肯定を導いたといえる。

加藤は十五年四月号まで『蠟人形』の編集を担当するが、この間佐藤への評価と、評価にも影響したと思われる短歌との「差異区別」への意識は、ともに継続されて誌面に表明されている。「聯と新定型詩運動」以後も、「第三のもの」（十四年一月号）、「日本詩の性格の一角にふれて」（十四年十一月号）、「協同製作の論拠について」（十五年三月号）と、佐藤の「聯」論掲載は続き、十三年六月号「編輯後記」のように加藤が佐藤の論に対して賛意を述べるケースも発生していた。「わが国の伝統的な詩精神は共同製作のそれである。」とし、「共同製作による聯的方法」を紹介した「日本詩の性格の一角にふれて」については、同号「編輯後記」で、

> …詩は今や再出発のための苦悩期にあると言つてよからう。…詩人は色々の方面に反省の眼差を注いでゐる。国の歴史の中から、文化の伝統の中から何か探り出さうともがいてゐる。これが確に必要な時代であるやうに肯定される。この意味において…佐藤一英氏の日本の詩の性格の一角についてのエッセイもわれわれの欲求に副ふものであらう。

との評価が語られ、さらに「真剣に日本の詩を考へなければならぬと思ふが、この真剣に考へ、それを行動してゐる詩人として佐藤一英氏などもさうであるが…」（「編輯後記」十五年一月号）のような言及もなされ、「聯」論の新たな展開を評価していく加藤の姿が確認できる。さらに十五年一月号のアンケート第一問「詩の協同制作論についての貴下の御所感？」も、佐藤の問題意識を踏まえた設定だったと思われ、佐藤への評価は、論掲載や直接的な言明の他にも誌面企画に影響を与えていた。

一方佐藤への注目と重なると思われる短歌、俳句との「差異区別」の問題についても、十三年五月号「編輯後記」以後も、加藤は強く関心を寄せ「編輯後記」での言明を繰り返していた。十四年一月号「編輯後記」では、「…短歌、俳句にて事足れり、これらのものこそ日本的にして他の新詩（明治以来の）はバタ臭くて用なし」とするような「鎖国的精神、狭量」への反発を語り、十三年五月号「編輯後記」同様、詩と短歌、俳句との「差異区別」を強く訴えている。しかし「差異区別」については、断定的な筆致だけで語られたのではなく、十四年七月号「編輯後記」のように、短歌と詩を対照させた視点から詩の文学性を追究する姿勢も示していた。この「編輯後記」では、時局を反映させた投稿作品の少なさを例に、「短歌などといふ形式は何かにつけこの時局を取扱ふに便利に出来てゐる。然し詩は短歌におけるやうには容易にはゆかぬやうに思はれる。」とした後、「…短歌ジャンルは大衆的であり、詩は大衆的でない。」との観測を述べ、短歌との比較から浮上してくる困難さも確認している。その後も十五年一月号のアンケート第二問には、「詩の短歌、俳句への解消（又は復帰）論に対する貴下の賛否、及びその理由について？」を設定し、同号「編輯後記」では「短歌といふものに対して、詩人は詩人としてけじめを明確につけておく必要を感ずる。」とのコメントも記すように、一貫して加藤は短歌、俳句との「差異区別」を求め続けている。十五年三月号「編輯

後記」でも、短歌、俳句に加えて小説との対照にまで論点を広げ、小説と比べれば「詩人と謂はれてゐる人以外に詩作してゐる人は極めて数多」く、「その現象はもつと著しい」短歌、俳句ともに、「製作といふ点からは、詩、短歌、俳句の方が大衆的」だとしながら、「詩が持つこの性格をもつと活動出来るやうに解放すること」の必要性と方法が問題視される。この「編輯後記」で、「詩が広大な土壌を獲得する」ために「詩は大衆に門戸を解放しなければならぬ」の主張があらためて提示されるように、「詩の社会的発展」を命題として、その視点からの提起を、加藤は退任間近まで繰り返し試みていた。

注

（1）川路柳虹『詩学』（昭和十年四月　耕進社）
（2）萩原朔太郎『純正詩論』（昭和十年四月　第一書房）
（3）佐藤一英『新韻律詩抄』（昭和十年九月　小山書店）
（4）同書は結局、ボン書店からは刊行されず、『新韻律詩論』（昭和十五年六月　昭森社）が刊行されている。
（5）「年譜」『佐藤一英詩論随想集』（昭和六十三年一月　講談社）
（6）和田博文「『聯』目次と解題（一）」（『奈良大学紀要』第23号平成七年三月）
なお『聯』の同号には大島博光の「聯詩運動は驚異の発展をせよ。」とのコメントも掲載されている。

第3章　詩誌としての充実

第1節　同時代詩壇への視線

加藤憲治の志向を反映させた構成が誌面に現れる一方、十二年の『蠟人形』では、「定形詩又は律格詩」の重視だけではなく、同時代の新しい詩壇動向に注目した動きも強化されている。この方向が強められた背景には、八年七月号より加藤とともに編集を担当していた門田穣に代わって大島博光が「蠟人形社」に入社（「編輯後記」三月号）した経緯も影響しているかもしれない。大島は「アルチウル・ランボウ伝」（八年九月〜九年六月号）から『蠟人形』に寄稿を始め、以後フランス詩人の評伝、訳詩、エッセイ、詩等を発表してきた西條の門下生で、入社後も編集の傍ら、「季節はづれの放浪」（十二年九月〜十四年四月号）を始め、創作、翻訳、詩論等を『蠟人形』に執筆していくが、十二年には『新領土』（昭12・5〜16・5）にも参加していたような新しい詩運動の担い手でもあり、『蠟人形』と最新の詩動向を繋ぐ位置にいた詩人でもあった。

さらに読者から「新鋭詩人」の執筆を求める声や詩論への注目が寄せられたことも、同時代の詩動向への視線を促す要因となったのではないか。十二年四月号「蠟人形の家」には名古屋支部で活動していた丹羽日呂志からの「…所謂大家のみでなく新鋭詩人―例へば蠟人形同人では丹野正氏等―の詩、エッセイをドシドシ載せて下さい。曾つての新鋭詩人一人一論集など懐しき限りです。」との投稿が寄せられ、十年六月号から十月号に連載され、丹野も執筆していた「新鋭詩人一人一論集」のような企画への期待が述べられている。確かにこの投稿にあるように、『蠟人形』は「大家」からの寄稿を誌の特長とし、十二年の号でいえば、詩論では萩原朔太郎「抒情詩とリリシズム」（五月号）のような、著名な詩人による啓蒙的なエッセイが誌面に掲載されるケースが多かった。十年の号に見られた「新鋭詩人」による詩論執筆が、十一年の号にはほとんど見られず、若い世代からの詩論が再び十二年の号に現れる点で、投稿者の要望に応える形となっている。さらに「詩の飛躍が、詩人の運動が注目されてゐる。最近、詩の発展と共に当然詩論の隆盛も刮目すべきである。」（「蠟人形の家」十二年六月号）のような最近の詩状況への関心も寄せられ、読者からの要望も、同時代の詩壇動向に視線を向けた企画を進めさせたのであろう。

新しい詩壇動向に目を向けた詩論としては、十二年五月号に掲載された大島の「詩壇時評」があげられる。複数詩誌に掲載された作品への批評とともに、「新鋭詩人」である自己の直面している問題を率直に語り、新しい詩運動の課題が内側から論じられている。その後も「新鋭詩人」からの詩論として、丹野正「詩の再認識」、安藤一郎「現代詩の環境―通俗性といふことに就いて―」の二論が九月号に載るが、十二年の号に掲載された詩論の中で特に注目されるのは翌十月号に掲載された原一郎の「詩の即時代性と超時代性―『新領土』と『VOU』との態度に触れて―」ではないか。原は「新鋭詩人」ではなく、複数の詩誌に詩論を精力的に発表し、この論とほぼ同時期に『現代詩の諸問題』[1]を刊行していた新鋭の詩論家で、大島とは逆に外側から新しい動きを批評したこの論では、『新領土』と『VOU』の作品に「…即時代性のみを持つて、超時代性を併せ持つことがない」点が指摘批判されている。「…詩壇に大きな波紋を描いた」（「編輯後記」十二年十二月号）とされる原の論は、早速反応を呼び、『新領土』第二巻第七号（昭12・11）では上田保が「原一郎氏の論理」で反論を加え、『蠟人形』十二月号には、「本誌十月号原一郎氏のエツセイに対する二つの抗議と主張」と題して、近藤東「詩のない時代―原一郎氏へ―」と北園克衛「VOUクラブとその外隔線」が掲載され、原の論理への疑問が投げ掛けられている。両者からの反論を、加藤は「『新領土』と『VOU』から原氏に対する抗議反駁を聞くことも極めて適切なことだ。」（「編輯後記」十二年十二月号）と述べるが、『蠟人形』は相対する批判の場を提供することで、同時代の詩壇動向への展望を充実させようとしていたのであろう。十二年の『蠟人形』について、村野四郎[2]が、

「蠟人形」は加藤憲治と大島博光とによつて、多くの詩のアマチユア乃至は初心者に現代詩に関する正当適切な解説を与へた。これは編輯者の新しく、且つ広い学識によるものであつた。

と評価するのも、こうした『蠟人形』の姿勢が影響していたのではないか。同時代の詩動向を一つの視点に偏ることなく論じる動きは、『蠟人形』の公器的な性格を強化させたと思われる。

第2節　時局性の出現

同時代の詩壇動向に注目した誌面構成は十三年以降も継承され、拡大の方向も見せている。例えば十二年の号では二回掲載であった詩壇時評が、十三年には六回に増加する等、著名な詩人が寄稿する啓蒙的なエッセイや作品を載せる入門書的な体裁を維持しつつ、同時代の状況への視線を強める姿勢がうかがわれ、詩誌としての充実が図られている。十三年の『蠟人形』についても、村野四郎[3]は、

「蠟人形」は加藤憲治の編輯の下に大島博光のアシスタントを以つて急激に高度を高めた。投稿詩には取上げて言ふ詩作品は持たなかつたが、寄稿家のエツセイ、紹介は毎号、充分に興味を持つて読まれ、大島博光の「季節はづれの放浪」が約一ヶ年連載され、永田助太郎の「英国最近の詩壇」が連載された。

と述べ、十二年の号同様、大島の編集参加の成果が評価されている。大島は十三年に病気療養のため一旦長野に帰郷し、その後十五年三月の上京を契機に、同年五月号から編集を加藤から引き継いでいくが、この間も「季節はづれの放浪」の連載に加え詩評も載せ、モダニズムの立場から同時代の詩壇状況への批判を語っている。

　一方で、複眼的な視点から詩壇を展望する方向は、大島の視点とは異なるモダニズム詩批判や戦争詩の評価といった時局を意識した詩論を、十三年以降の誌面に登場させていくことにもなっている。その一つとして、十三年七月号に載った丹野正の「一つの窄き門」がある。詩と「公衆」の関係を論じ「詩は飽迄も公衆の名誉と関係をもつべき」との方向を示したこの論で

は、モダニズム批判はそれ程見られないものの、丹野はこの時期モダニズム詩への強い批判を語っていた。『蠟人形』でも十二年九月号「詩の再認識」で、「これまでの詩は余りに知的ではなかつたか。或は、余りに純粋ではなかつたか」とのモダニズム詩への懐疑を語っていたが、「一つの窄き門」の少し前に発表された『文芸汎論』十三年四月号「詩壇時評」では、「西欧的主智主義はつまるところ狭隘で、遊戯的で、自足的」とする見解に続けて、

> …西欧的な諸亜流は此際九十度の転向を行はねばならぬ。しかし、この転向の根は断じて政治のなかにあるのではなく、詩人の思惟と感受のプリンシプルのなかに横はるのである。…われ〳〵は疑ひもなく日本人であり、日本人といふ全体の一看点として、詩人の天職から、文化創造に積極的であるべきだと思ふ。

とあるように、より明確な視点を打ち出し、同誌六月号「詩壇時評」でも「若い日本に相応しい、鳴動する日本の文化をリードする詩の道」への経路を探っていた。「一つの窄き門」の内容も、このようなナショナリズムの立場からの提起であり、『文芸汎論』十三年十一月号の特集「詩の現代社会面との摩擦点」に寄稿した「純粋詩の反省」では、「知識を詩的に考へ」、「純粋といふ名を日本で占領した詩人達」への批判を通して、「これからの詩は人里（公衆）に下りなければいかない」との主張が語られ、「一つの窄き門」の主題への再論が試みられている。

「一つの窄き門」以降も、十三年の『蠟人形』誌面には、丹野とほぼ同世代の若い世代からの詩論掲載が見られ、丹野同様、モダニズム詩批判と民族的意識を基軸とした詩評が展開される。岩本修蔵の九月号「詩壇時評」は、一部のモダニズム詩に見られるとする「神話的詩法」を指摘否定し、「古いものを捨てて、新しいものを創造しなければならないといふ過渡期に詩壇は直面してゐる」との認識を促す詩論で、「戦争はいつでも詩をサロンから引きづり出して、生きた世界の俎上に置」き「詩人に自己反省の機会をあたへる。」との見解や、「今後は戦争詩と叙事詩とが殊に索められ、発展する」との観測が強調され、戦時色を濃く滲ませた筆致の論となっている。山本和夫の十月号「詩壇時評」でも、ペン部隊の派遣を題材に「…われわれも、今日、銃後にあつて、詩人的に、美しく花咲くことに、心しなければならないであらう。」と語られるように、岩本論以上に時局への意識が表明されている。その後も、十二月号の阪本越郎「昭和十三年詩壇の回顧」、喜志邦三「詩壇時評」、十四年二月号の月原橙一郎「三つの戦争詩」と戦時色を強く映し出した詩論が掲載され、月原の、

> 今日の戦争に於て、詩人が先登（ママ）に立つて旗を振り、声を上げることは決して純粋一派の独断の如く、反動でもなければ、不名誉でもない。聖戦の意義を認識する者にとつて、これほど生甲斐のある仕事はないのである。…総ての文化は戦争への一本道に驀進しなければならない。／勝つか負けるかではなく、勝つべき文化を樹立する為にたたかつてゐるのだ。／従つて、詩人が戦争詩を書くことは、詩人の光栄ある責務であることの自覚を持つてこそ、その戦争詩が生きて進軍するのである。

のような発言も誌面には出現していた。

山本や月原の論のように鮮明な民族主義を掲げる詩論が掲載される一方で、誌面には単一的な民族主義の視線を超えようとする詩論や、さらにはモダニズム批判を疑問視する詩論も発表されていた。十三年十一月号の安藤一郎「詩壇時評」では、「銃後の文学者」としての自覚を確かめつつ、「過去十余年間に吾々が学んできた知識・教養が無益であると言ふのではない、…これまでの知識・教養をこゝで弁証法的に発展させるのが、今日吾々の急務」と論じ、原一郎も十四年三月号「新詩刻下の位置」では、「我々のものに成り切つてゐる」、「西洋の詩観及び詩的理想」である「新しい詩的精神を素材とし、古い民族的な詩的理想を新しく生かす」方向を追究している。「旧時代の『日本的』なものに後退することよりも、新しき『日本的』なものを創造すること」を訴え、「聯」への共感を語っていた加藤の姿勢も、安藤や原の立場に近いともいえる。安藤は後に、「『日本的』といふものゝ課題」(『日本詩壇』十四年七月号)で「総体に、『日本的』なものゝ問題に関しては、性急な肯定に走る言説よりも、これに警戒と修正を与へる意見の方に心が惹かれる。」と述べているが、安藤の「詩壇時評」も民族主義色の濃い詩論に対して、「修正」を加えた論だったのであろう。

安藤の「『日本的』といふものゝ課題」では、「警戒と修正」の一例として、『蠟人形』十四年一月号掲載の近藤東「〈日本的〉について」と三月号掲載の大島「《日本的》をめぐつて」をあげているが、確かに十三年以降の『蠟人形』には、大島を始めとして「警戒と修正」を求めた論の掲載も続いていた。大島の論では、まず十三年七月号「詩壇時評」があり、同号掲載の「一つの窄き門」とは対照的に、「何より人間精神を守り擁護」する「詩人の孤独、孤立」の強調と、「詩人が民衆の精神と密接な交渉をもつことなどは拒絶」する姿勢が語られる。次の一節、

> 詩は絵画と同じやうに、頭脳から頭脳への通路をもつだけであり、静かな対話であり、そして全く個人的な経験である。詩がひとびとを征服するためには沈黙の余白のなかで読まれるか、聞かれなければならない、そしてひとびとを真の孤独のなかに導きこまなければならない。

に見られるように、大島は自己の詩観を強く打ち出すことで、同時代の詩壇傾向を批判するが、この方向はほぼ同時期に発表された「詩と人間の擁護」(『日本詩壇』十三年八月号)でも展開され、詩観の強調に続けて「単なる個人主義の死滅とか、全体主義とか、世俗に即したものとかさういふ涸れた観念の泉へ汲みとりには行かない。」と当時の風潮への抵抗が記されていく。その後も『蠟人形』に連載していた十三年十一月号の「季節はづれの放浪(十二)」では「…なかには詩と詩人の位置や本質をも忘却してかかる変化に趨つてゐる熱狂者もゐる。」と現状詩壇への批判が語られ、丹野同様に『文芸汎論』十三年十一月号の特集に寄稿した「詩と社会」でも、「ポエジイは永遠への希求」、「認識のきはめて純粋な道」であり、

> したがつて真のポエジイは一時代のみで終焉するものではない。純粋詩はそれを理解しうるすべての人人を清め、すべての人人の

内部を豊富にする無限な可能性をもつてゐる。この意味においては、詩人の真の時代は――詩人が生きなければならない真の時代は、永遠である。

との詩観を通して、「変化に趨つてゐる」詩人と対峙する自己の立場を明らかにしていた。安藤が紹介した「《日本的》をめぐつて」では、これらの詩論で示された大島の視点が、さらに明確に同時代の詩壇動向に向けられ、「ポエジイ」の価値との対比から、「《日本的》といふ言葉の背後には、偏狭、保守、排他、精神的鎖国等の精神が隠されてゐる」との指摘が語られている。こうした「ポエジイ」を基にした評価は、その後『文芸汎論』十五年一月号「詩壇時評」にも見られ、『蠟人形』に掲載された佐藤一英「日本詩の性格の一角にふれて」が「伝統のなかに安座しようとする態度」から問題視されている。

安藤が触れた通り、大島が参加していた『新領土』の近藤東もこの時期の『蠟人形』に、「警戒と修正」の論を発表していた。「〈日本的〉について」では、「詩人は世界人であり、真理人である。…詩人によつて高唱される『日本的』なるものは、永遠であり、ユニヴアサルであらねばならぬ。」のに、「実際の作品上から見た、日本的なるもの、多く」が「一種の伝統主義」でしかない現状が指摘され、「…時流を利用して、詩の退化を企画する（或は進化を意図しない）ところの精神的鎖国主義者を徹底的に監視すること」が主張されている。近藤は「〈日本的〉について」以後も、十四年の誌面では七月号「詩壇時評『韻文興隆』について」、十二月号「詩人の時代への適応、不適応」を載せ、時局と詩の関係について発言を重ねている。大島、近藤以外では、岡本潤が十三年五月号「今日の詩感」で、「時勢謳歌の詩の多くに、かつてのプロレタリア詩の昂奮期」同様の「浮動性雷同性」を指摘し、十四年一月号「混沌のなかから」でも、「時流に迎合した出来合ひのものたちを私は詩とは考へられない。」と述べ、時局を意識した詩への批判を語っていた。

こうした民族的意識からの詩論と、「警戒と修正」の方向が向きあう形で、十三年以降の『蠟人形』は詩論を掲載していくが、この時期モダニズム側からモダニズム詩への検証と以後の方向を模索する論が出されたことも注目される。『蠟人形』の十三年八月号から十四年二月号まで六回に亘って「最近の英国詩壇」を連載していた『新領土』の永田助太郎は、まず十四年九月号「詩壇時評　純粋詩に関連して」で、純粋詩の概念を確かめつつ「詩は『純粋数学』や『純粋理論』のやうに『純粋』にならなくてよい。」、「詩には、その時代の生々した張りのある真の言語と心象を聴かうではないか。」との提起を語り、続く十五年三月号「詩壇時評　詩の意味に関連して」では、「詩の世界は『かくあるべき』といふやうな〈意味の世界〉…モラルの世界」、「全体的解釈の世界」とし、科学のような「部分的解釈の世界」との差異に詩の方向が想定されている。この二論は十五年四月号に載った「詩と同時代性」とともに、『文芸汎論』の十五年八月号「詩壇時評」で示される「所謂純粋詩」、「所謂主知主義」の「分離主義」[4]に対する「全体的立場」の表明であり、木下常太郎の評言に従えば「前衛派の過去をふりかへつて、前進のための土台をかためんと」した試みといえ、『蠟人形』

に掲載された詩論の幅広さをも示している。十三年から十五年にかけて、『蠟人形』はこのような様々な視点からの詩論が発表され、詩誌としての性格が一段と強化されていった。

第3節　戦時色の浸透

いくつかの掲載詩論に見られたような戦時色の現れは、他の誌面からもうかがうことができる。例えば加藤憲治の「編輯後記」では、日中開戦後の十二年九月号から戦争と詩を関連付けた記述が見え始め、十二年十二月号では「戦争は民族的偉大なる崇高なる前進曲であり、詩である。」との発言もなされ、以後も「われわれは戦捷国の国民として大国民の文学を打ち建てなくてはならぬ。」（十三年六月号）、「わたしたちは銃後の国民として国民の義務を完全に全うすると共に、…日本の文学をも東亜文学の盟主としなければならぬ義務を負つてゐる。」（十四年一月号）と時局を意識した表現が繰り返される。掲載作品でも、十二年十月号以降は、十月号の西條「戦時風景」、杉浦翠子「銃後のをとめ」、十一月号の安成二郎「事変雑詠」、十二月号の中河幹子「梅林中尉の母を思ふ」、翌十三年三月号の西條「長江月夜の歌」、阪本越郎「詩人が男達に与へる歌」と、掲載数は少ないが、戦時を背景としたエッセイや詩歌が登場するようになり、戦時色の浸透が見て取れる。さらに十三年一月号のアンケートの「今回の戦争に際して、所謂戦争詩は我国に興起するや、否や?」の問いや、十四年一月号の「此時局下、貴下は詩人として又は批評家として如何な詩を企画或は希求さるるや?」と「所謂『詩報国』についての貴下の御所感?」の設定にも、時局性への顧慮がうかがわれ、日中開戦後の『蠟人形』は、急激ではないものの戦時色が徐々に誌面に出現していったといえる。

一方、投稿欄で見れば、小唄投稿欄に戦争をテーマとした作品が登場し、その数を増加させていった。例えば十二年十月号の「推薦小唄」には、「暗雲北支」と題した作品が載り、十一月号になると、「推薦小唄」四編のうち、「皇軍進撃の歌」、「空の騎士」、「戦地便り」で三編を占める状態となっている。その後もこの傾向は続き、翌十三年一月号での小唄投稿欄を見れば、掲載された十二作中の八作が戦争を題材にしていた。こうした投稿者の志向に応えるように、十二年十一月号の「編輯後記」には、十三年二月の「読者作品号」での戦時歌謡欄の新設と、「この時局に関した国民精神の汪溢したもの」の募集が告げられ、予告通り二月号には、「特選戦時歌謡集」の欄に十六作が掲載されている。さらに三月号からは「…諸君の高らかな且つ溢れるばかりの国民意識を歌謡の形式に盛られることを希望し、要求する。」（「編輯後記」十三年二月号）として、戦時歌謡欄への毎号募集が始まり、十四年十二月号までは毎号に、十五年の号では九月号から十二月号に、十六年一月号から十七年一月号まで投稿作品が掲載されていった。

新設された戦時歌謡欄の運営を支えていたのは、他の種目で活躍していた投稿者からの参加だったと思われる。十二年十一月号に載った「皇軍進撃の歌」の作者出流川きよしは、九年の号から掲載されるようになった投稿者で、小唄で実績を重ね戦時歌謡欄の新設とともに投稿の中心を戦時歌謡に移し、十三年の号では新設された二月号以降、八回の推薦を受けている。出流川同様、二月号の推薦欄に掲載され、出流川を入れて加藤から「小唄における三羽烏」（「本誌読者作品の一年」十三年十二月号）と呼ばれた内の一人である瀬川忠司も、出流川と似た投稿行動を示し、十年の号頃より小唄欄での推薦掲載を繰り返した後、二月号から戦時歌謡で活躍し、十三年の号では六回の推薦を受けている。小唄以外からの参加者も見受けられ、新設された二月号の推薦欄トップに「防共協定の歌」が掲載された中村朔二は、十二年の号では加藤からは「次の小曲の王座を覗ってゐる」（「本年の本誌投稿作品」十二年十二月号）小曲の新人と紹介されたように、小曲欄で活躍していた投稿者で、十二年十一月号「蠟人形の家」では小曲論を述べ、十三年一月号の「蠟人形の家」でも、京都支部例会での小曲論議を紹介している。他の投稿者にも中村のような例は見られ、十三年九月号の戦時歌謡に推薦された阿部圭一郎は、十二年九月号の「第一回蠟人形支部コンクール入選作」では詩で入選を果たし、さらに童謡での推薦を重ねた経歴を持っていた。

しかし他の種目で実績を重ねた投稿者の参加が、「戦時歌謡」に活気をもたらしたとはいえ、中村や阿部の参加は僅かの期間で、中村は二月号に戦時歌謡が掲載される傍ら、以前から力を発揮していた小曲で「推薦十五人集」欄に投稿作が載り、十三年の号では戦時歌謡で三回推薦された後は、十四年の号以降投稿の軸を小唄と童謡に変えていく。阿部も同様に、十四年以降は戦時歌謡での掲載はなく、小曲と童謡に掲載が見られる。「三羽烏」に数えられた瀬川も、十四年に準同人に推薦された後、しばらくは「戦時歌謡」を発表するものの、その後は発表形態を詩へ移し、出流川も十四年三月号での掲載以降『蠟人形』での掲載は見られなくなる。十三年の戦時歌謡欄で活躍していた有力な投稿者たちが、その後も同欄に力を注いでいく姿を誌面からはうかがうことができず、投稿誌面を見る限り、戦時歌謡の活況は一時的であった。加藤は、十三年の投稿傾向をまとめた「本誌読者作品の一年」で、投稿童謡と比較して「『小唄』『歌謡』の方が量的にも下降的情勢にある」ことを指摘し、翌十四年の「本年の読者作品について」（十四年十二月号）でも、詩、小曲、童謡の投稿量増大に対し「小唄、戦時歌謡が著しく減少し」た「萎微した観」を語っている。十三年に見られる「下降的情勢」は以後も改善されず、新設当初に期待された程、『蠟人形』の読者は戦時歌謡に関心を持たなかったのであろう。「本誌読者作品の一年」を加藤は「今年の読者作品に時代的色彩といふよりは支那事変が齎すところの色彩、傾向、投影、又は特質といふものが予期した程見出せない。」の一文から始め、十四年七月号「編輯後記」でも、「本誌の応募作品を見てゐると、時局を反映した詩が余りに尠いやうに思はれる。」と記しているが、戦時歌謡欄の不振にも、こうした『蠟人形』投稿者の姿勢が見出せるのではないか。投稿欄を見る限り、十二年の投稿欄に現われた戦時色は、十三年〜十四年の段階では深化や拡大されるまでには至っていなかったと思われる。

第4節　支部活動のその後

十二年には京都や大阪等で支部活動を再開させる動きが見え

ていたが、十三年もこの傾向は継続され、六月号の「横浜支部再興第一回例会」、東京支部の活動再開を告げる九月号「東京支部九月例会予告」と、横浜、東京の支部が例会再開の告知を載せ、十二年に例会を再開した大阪も「寂しい仮眠の九カ月を経て」（「大阪支部十二月詩話会レポ」十四年一月号）十三年十月から再度例会活動を始め、名古屋も大阪同様に、十二月からの二度目の支部再開（「名古屋新興支部設立予告」十月号、「名古屋支部新興第一回例会予告」十一月号）を報告していた。これらの支部のうち、横浜は例会報告が八月号で終り、十四年十二月号「蠟人形の家」に「ヨコハマ支部設立運動中」の告知が投稿された経緯から見て、十三年の「再興」後の活動は短期間だったと思われるが、十三年以前に活動再開を告げた神戸、京都、郡山も含めた他の支部は、途中で例会報告が途切れる期間も含みながらも、十四年以降も「支部ニュース」欄に寄稿し、例会活動の報告を続けている。そのうち特に活発な活動をうかがわせるのが、支部活動を再開させたばかりの東京、大阪支部で、十四年には一度の休会もなく毎月例会を開催（「東京支部十二月会ノート」十五年四月号）した東京支部は、十四年毎号に活動報告や予告を載せ、大阪支部もやはり「支部ニュース」欄に相次いで例会報告を寄稿し、その活況の様子を伝えていた。

両支部は活動報告だけではなく、「蠟人形の家」（十四年三月号、六月号、九月号）にも投稿し例会参加を促すように、支部の活性化に力を注ぐ姿勢を強く打ち出しているが、こうした積極的な支部運営は支部開設後に投稿を始めた若い世代のメンバーたちによって支えられていた。大阪支部では北小路公や五十葉秀夫、川俣栄一等が、東京では八十八衛や益子和夫、今野清二、宮部栄喜等が例会報告を寄稿し、「私たち若い者同志（ママ）で、詩の楽園を培つてゆきませう。」（「蠟人形の家」十四年九月号）と若い世代を中核にした支部の姿を強調して参加を慫慂している。加藤は十四年四月号「編輯後記」で「各地に再び支部の結成がなされつゝある。この支部のよき生育のため、本社は何んかして協力いたしたいと考へてゐる。」と述べるのも、こうした状況を評価した発言ではないか。加藤は「往年の関西大会のやうなものが催されるのを願つてゐる。東京など、本社の膝元なるゆゑ、従来よりも一層色彩ある企てが出来る筈である。」とも記し、支部活動最盛期の再来への期待を語るが、この期待に応えるように、東京支部では例会以外のピクニックの実施や、参加者全員による寄せ書きの寄稿（「東京支部ピクニックの手帖」十四年八月号）、あるいは支部会員の掲載作品に贈られる支部賞も企画され、支部開設時と同様に、親睦の場としての支部像も提示し、参加者の増加が図られている。さらにいえば短期間で例会報告は終わるものの、十三年には見られなかった支部開設が、十四年には福岡（四月号）、新潟（十月号）と続くのも、こうした東京支部等の姿が影響していたのではないか。「福岡支部第一回例会の記」（十四年六月号）を寄稿した小島直記は、十五年六月号「蠟人形の家」への投稿で、友人から東京支部の模様を聞き「刺激でもありました」との感想を述べている。

両支部の活況は十五年の号でも報告され、例えば八月号「支部ニュース」に載った「〝蠟人形〟大阪支部六月例会レポ」、「蠟人形東京支部六月会記」を見れば、大阪支部の六月例会については、横浜、京都、名古屋、神戸からの出席者も加えた「小規模な〝蠟人形〟全国大会と言ふ気分」を川俣が語り、東京支部では西條を迎えた折の「ひとり東京支部のよろこびにとどまらずオール蠟人形誌友の誇であり、幸福である」との感激を八十八が記している。こうした高揚感をもたらす状況が十五年の支部活動にも継続され、東京、大阪の支部活動は十四年から十五年にかけて開設時に続く二度目のピークを迎えていたと思われる。十五年の中頃から「支部ニュース」の欄は縮小され、例会の詳しい様子等は伝えられなくなるが、両支部とも例会予告をともに十七年四月号まで載せ、十五年中頃以降も支部活動は続けられていた。このうち東京支部については、十六年には阿部圭一郎を中心として四月に病没した山崎智門の遺稿集を編纂[5]するように、例会開催以外でも活発な動きを確認することができる。

東京、大阪以外の再建された支部を見れば、神戸が例会予告十五年一月号、郡山が十五年五月号、名古屋が十六年四月号まで、その後は「中京合同詩話会」主催者として十六年六月号まで活動予告を寄稿し、京都は支部移転を十五年六月号「蠟人形の家」で支部移転を報じた後、予告等が掲載されず、十六年十一月号の「再建京都支部第一回例会予告」には「久しく静中の動を続け」たと記されている。この再建企画については続報が見られないため計画のままで終わった可能性が高いが、京都の再建予告以外でも、十五年以降も長崎（十五年四月号）、和歌山（十五年十月号）、徳島（十六年三月号）、札幌（十六年六月号）、呉（十六年七月号）、大分（十六年八月号）と支部新設報告や予告が続き、東京、大阪の予告が最後に載った十七年四月号以降も、「北九州蠟人形詩話会予告」が十七年十二月号には掲載されている。支部活動への期待や意欲は、戦時色が深まる中でも衰えることなく継続されていた。

注

（1）原一郎『現代詩の諸問題』（昭和十二年九月　興文社）

（2）村野四郎「平和的な印象記　昭和十二年度詩壇について」（『文芸汎論』昭和十二年十二月号）

（3）村野四郎「詩壇印象―一九三八年度―」（『文芸汎論』昭和十三年十二月号）

（4）木下常太郎「詩壇時評」（『文芸汎論』昭和十五年四月号）

（5）山崎智門『山崎智門遺稿集　極圏投影』（昭和十六年十月　蠟人形社）

第4章　大島博光の編集担当

第1節　大島への編集交代

十五年五月号から編集担当が加藤憲治から大島博光に交代した経緯については五月号の「編輯後記」に記されている。十三年以降出身地の長野で療養生活を送っていた大島が、詩人懇話会主催の「日本詩の夕」出席のために上京し、その後恩師吉江喬松の死去や、西條の長女嫩子の婚礼もあり、帰郷を延期していたところ、多忙な加藤との交代を西條から要請されたとされ、大島は急遽加藤から編集を引き継ぐこととなった。「編輯後記」では、慌ただしい交代の事情説明とともに大島の不安や戸惑いも述べられているが、後半部分には大島が想定する『蠟人形』の方向も提示され、『蠟人形』の「公器的詩誌」性の強化が打ち出されている。さらにその具体例として「とくに隠れてゐる優れた詩才を発見することを本誌の使命ともしたい」。との意向が述べられるように、急な交代ではあったものの、大島は編集への意欲的な姿勢も示していた。

大島が語った「優れた詩才」の「発見」は、自己の周辺にいた詩人の起用によって試みられている。五月号の菱山修三、奈切哲夫を始めに、六月号には高橋玄一郎、壺井繁治、山田岩三郎、松本隆晴、野田宇太郎の初掲載があるように、大島の編集する『蠟人形』には初めて寄稿する詩人が相次いで出現していくが、そのメンバーには菱山、壺井のような中堅詩人とともに、大島が接触していた新進の詩人が多く含まれていた。例えば十五年の誌面に限って七月号以降に初寄稿した主な詩人等を見れば、中野秀人、石井健次郎、田中敏子、龍野咲人、東郷克郎、小山田輝彦、大山定一（七月号）、大江満雄、石中象治、吉田一穂、平野威馬雄、西山克太郎、泉潤三、菊島常二、殿岡辰雄、鮎川信夫（八月号）、山中散生、平田内蔵吉、永瀬清子、浅井俊吉、高橋義孝（九月号）、伊藤信吉、曾根崎保太郎（十月号）、岡田芳彦、上田敏雄（十一月号）、瀧口武士、木下夕爾（十二月号）となるが、その半数以上を新進詩人が占め、ほとんどが大島の周辺にいた詩人でもあった。この中には野田、松本、鮎川、木下のように[1]、それまでに『蠟人形』への投稿作品が掲載され、厳密にいえば初掲載とはいえない詩人も含まれ、また泉、菊島、鮎川のようにその後の掲載のなかった者もいるが、この時期新たに誌面に登場した新進詩人の多くは、その後も寄稿し、さらに掲載を重ね『蠟人形』を支える執筆メンバーとなっていく詩人も見受けられる。

新進詩人の詩面への登場については、主として二つの交友圏からの起用が考慮されたのではないか。その一つが長野在住の詩人達であり、六月号に登場した高橋玄一郎がまずあげられる。高橋を発行者に、八月号に初登場する泉を編集者として刊行された『信州詩人詞華集』（信州詩人協会刊　昭14・2）、さらに高橋が編集発行人となった詩誌『信州モンパルナス』[2][3]（信州詩人協会刊　昭15・5　創刊号のみで終刊）には大島の寄稿もあり、高橋は大島が注目していた詩人でもあった。初掲載となった「詩的体系について」が載った六月号の「編輯後記」末尾には、

避けて
吹く口笛《ふえ》
悲戀《こひ》の歌。

戀

紫　玲

ピッと小鳥が
私の耳をかすめて通ります
「戀つて樂しいものね」と

さら〳〵と秋風が
私の耳をかすめてゆきます
「戀つて寂しいものね」と

かさつと木の葉が
私の耳をかすめておちます
「戀つて苦しいものね」と

海へゆく道

木下夕爾

海へゆく道、
はるかだな
暖ひ陽にうすうすと
白い光をあげてゐる

海へゆく道
うれしいな
港の家の間から
白塗の船見えてくる

海へゆく道
石垣の
下をまがつて　たらゝ坂
夾竹桃が散つてゐる

海へゆく道
ぼくひとり
潮の香ほんのりさみしくて
口笛そつと吹いて見る

『蠟人形』昭和7年3月号

ひようひようと
ひようひようと
風琴は高鳴り
飢えた心臓は戰慄する

あゝ　かくも飢えて居ながら
僕は何故に死ねない？
「生」
「生」
尾を切られたとかげのやうに
驅《か》けづり廻る慘めな執着

ひようひようと
ひようひようと
風琴は鳴るよ

灰色の暗い路を
破れた風琴を抱へて
生活の糧を漁つて
雪の曠野を歩むでゆく

渚の哀章

去にし日のひとに

木下夕爾

渚に紅い花貝殼《かひがら》よ
爪のきれいなひとでした

澄んでたゝた青い海
瞳におぼれたぼくでした

しぶきに濡れた櫻貝
光つてあかい唇《くち》でした

潮の香いつぱい青い藻よ
みどりたけなす黒髮《かみ》でした

握ればつめたく固い砂
こぼれていつたひとでした

君待ちて

勝部菊馬

君待ちて二日暮せど
三原のみ煙の絶えて
君は來ず　二日は空し――

君待ちて五日暮せど
紺碧《こんぺき》の海　強く輝き

『蠟人形』昭和7年6月号

跫を聴いた、
眠れぬままにわたしは聴いてゐた、

乏しい朝にいそいそと
陽の破片をひらつては
薄氷の下に生きるものよ

くろい裸木は　おまへの掌なのか
さむい風よ風よ
やがて　春の匂ひもひそかにまつはる
ことだらう。

逃亡（詩）

東京　鮎川信夫

《青い光の箱に貫かれ　噴水の栓をぬいて逃亡する》

地軸は後へ辷つてゆく
月とともに走る
雲へ――
黒い犬が追つてくる
義足が立止まらせる

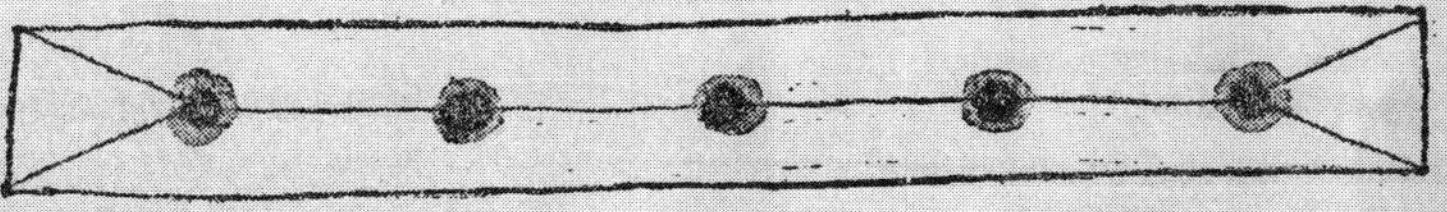

眼の中に星はながれ
振返る肩に落葉が散りかゝる
そして微笑する唇がきらつとする
飴色の頭髪のむかふの月が近い

《杳く噴水のとどろきが
神々の哄譟に和してゐる》

爪はまだ生きてゐる（詩）

――手術後の詩――

東京　中將寛之

爪はまだ生きてゐた
忘れられてゐた爪が生きてゐた
無表情だつた爪が生きてゐた
白い丘に薄桃色の空、灰かな雲を泛べて
生きてゐた爪よ
私の手術を識つてゐたか
私の頭は死の中に浸り
私の右耳はすべてを喪失した
暗黒の谷底から這上つた私は
重いパンドラの箱を負はせられてゐた
爪はまだ生きてゐた
私の再生を誓ふ意志の戰士

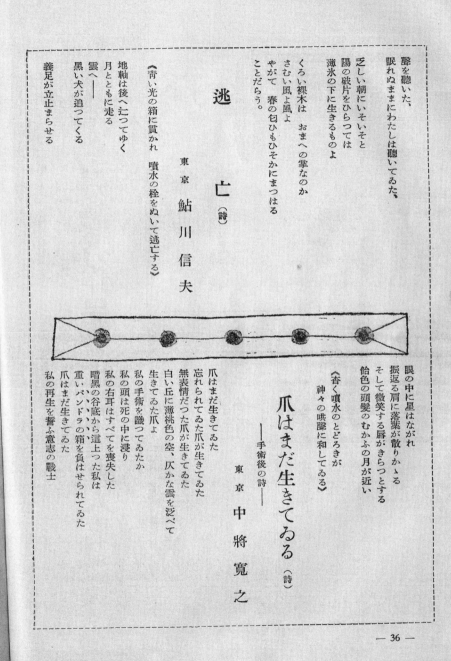

秋のねがひ

京都　松本久夫

落葉の如く　微風のごとく
ひそかな秋の日差で舞つて見たい

小鳥のやうに　山奥に住居を持たう
冬が來れば　けものと共に穴を掘らう

私は日々枯葉にサインして
彼等と友達になつてもらはう

小鳥達は私に歌を敎へて吳れ
けもの共は接吻を受けて吳れ
私を新しい夢に誘ひ込むだらう

あゝ靜かな森の中で
落ち葉のやうに　小鳥のやうに
よろこびと安息を得るやうに
樂しく住つて見たい

支那街

京城　横内珂津夫

この街は冷たい街だ
この街は痩せた街だ
しのび寄る冬の跫音に
凍凝《いてつ》いた廢屋の羅列よ

そこには墓場のような挽歌がある
あゝ、胡弓の弦はもう切れ果てゝしまつたのか…………。

深夜の停車場

仙臺　松島翠

海の見える落魄《うらぶ》れた領事館の旗は
色褪せて今日も
悔恨の懺悔に震へてゐる。震へてゐる。

少年は默々と濕つぽい階段を昇り
凝つと沖をみつめてゐるのであるが

脫ぎ捨てられた疲れがある
飽和した靜寂は
獨り逍遙と反響のない階段を昇る
油煙と液體空氣に似た其の生活は
熟睡を知らない
無伴奏の黑舞臺で起重機《クレーン》が獨唱すると
稱讃を忘れた暗空の觀客は
啞の樣に瞬きする
階段の壓迫が强くなると
靜寂は去日の日記を開く
二本の白線が吸ひ込まれて
思ひ出した樣に靜寂が明日の連絡に旅立つ

POESIE

中桐雅夫

いつたい　宇宙に接吻することは餘り賢明
ではないと　パルナシアンの附近で　その
少年は言つた　では僕がお前の唇に…・と
言ふと　その少年は2キロメエトルほど走
つた　形而上學的空中都市の拍手
　蜜柑を食ふべく生れよ　Ha Ha Ha　す
べては夢である　Ars longa　はうそであ
る　ユマニテはをんなを愛することに始ま
り　をんなを愛することに終るのである
噓を本當にするのが藝術である　で　諸君
はナイテイン・ゲイルをサスペンダアと比
較せよ
おや　クリスマスが來る　僕は廿歳になる
といふ考へはセンチメンタリズムであるか
おや　クリスマスが來る　おやクリスマス
がくる

よろこび

東京　芝城妙陽

なほ本号に「詩的体系について」を寄せられた高橋玄一郎氏なども、信州の浅間温泉にかくれて、しづかに詩人の運命を凝視してゐるひとである。これからは、かういふひとにこそおほいに語り歌つてもらはねばならぬ。

と「隠れてゐる優れた詩才」高橋の紹介とその後の掲載への期待が語られ、高橋の寄稿を歓迎していたが、この期待通り、十五年の号では八月号「首都死守」、十一月号「詩人の出陣」と掲載が続けられる。公器的詩誌への寄稿が少なかった高橋の重なる掲載については注目されていたようで、十二月号の近藤東「昭和十五年度詩壇の回顧」では、「高橋玄一郎氏は隠れたる、鋭角的詩論家であるが、本誌が氏を優遇してゐることは正しい。」との言及がなされ、高橋起用が高く評価されている。

　高橋、泉以外の長野在住の詩人では、七月号初登場の龍野が主宰していた詩誌『星林』（昭8・9～15・12）から龍野、松本、石井、田中、西山、浅井の六名が『蠟人形』に登場している。この中の松本とは特に親しい交流がなされていたようで、松本の投稿を契機に交遊を始め、『新領土』への加入や『信州詩人詞華集』への寄稿も大島が紹介した[4]とされる。こうした松本との交流を含め、西山の発言によれば「長野におった頃は、我々は彼に刺激された[5]」と回想されるような『星林』同人との親交が長野では重ねられ、龍野については「この詩人はほのかな韻律を捉へ香りを歌はうとし、純粋な詩の息吹きを聴かうとしてゐる。」（「詩壇時評」『文芸汎論』十五年二月号）と他誌で紹介もしていた。このような『星林』同人との交流と評価から寄稿者として迎え入れた大島の措置は功を奏し、『星林』終刊後、起用された『星林』同人のうち、浅井はその後一篇のみの寄稿で終わったものの、他の五名は自作の発表誌として『蠟人形』への寄稿を続け、特に松本、龍野、石井の三名は、ほぼ昭和十九年の休刊時まで作品を寄稿し続けるような有力な寄稿者となっていく。

　今一つ新進詩人の起用として、大島も所属し松本も加入していた『新領土』の同人が想定されていた。松本を除き、新寄稿者のうち、奈切、東郷、小山田、菊島、鮎川、曾根崎、岡田が『新領土』の同人であり、さらに『新領土』の終刊までの間に、今田久（十六年一月号）、服部伸六（同二月号）、志村辰夫（同五月号）と『新領土』から『蠟人形』の新寄稿者が続出している。特にこの中では一番早い寄稿者であった奈切の活動が注目される。十五年の号だけを見ても、五月号の「生命ある種子」に続き、「智慧と芸術」（八月号）、「生ける日々」（十一月号）、「詩壇時評」（十二月号）と掲載を重ね、詩とともに『蠟人形』では批評面で力を発揮し、『蠟人形』への掲載数では、『新領土』からの新寄稿者の中では群を抜いて多い常連執筆者となっていくが、奈切の起用にも高橋同様、大島の期待が込められていたのであろう。

第2節　編集の方向

　先に見たように、十三年以降『蠟人形』の誌面にも戦時色が次第に浸透し、民族的意識を強調する批評も登場するようになっていた。一方で、ナショナリズムに依拠した詩論を批判する論も掲載され、大島自身も十四年三月号の「《日本的》をめぐつて」では、「偏狭な復古主義による《日本的》なるもの」に抗して、「あらゆる人間精神と人間意識に深く共同であるやうな世界的な芸術」を創造する「ポエジイ」の価値を対置させ、詩壇に見られる時局色の濃い論調への疑問を語っていた。このような大島の姿勢をさらにまとめた論として、龍野を紹介した『文芸汎論』での「詩壇時評」の連載（十五年一月～三月号）があり、ここでの指摘が新たな寄稿者の起用や『蠟人形』編集の方向に繋がったと思われる。

一月号の「詩壇時評」では、まず詩壇で論じられてきた「詩における日本的性格」をテーマに採り上げ、折戸彫夫「日本文化の特質と詩の行方」（『日本詩壇』十四年五月号、七月号）と岡本彌太「東洋詩雑考」（『日本詩壇』十四年五月号、七月号、九月号）の紹介を通して、「日本をも含め東洋の詩精神」が「近代詩精神へ連るもの」であることを提起し、さらに「洋の東西を問はず、時代の如何を問はず詩と呼ばれるもの」の中に「存続してきた人間精神の――人間意識の共通性の存在」を指摘していく。「《日本的》をめぐつて」同様、「詩における日本的性格」の問題を、詩壇に見られる「偏狭な意味に用ひられた《日本》といふ排他的限定」（「《日本的》をめぐつて」）からではなく、詩の普遍的価値にその可能性を見出そうとするこの視点は、民族主義に傾斜した詩論への批評として、この時期の大島が示していた詩観でもあった。『蠟人形』掲載の「俳句と詩と」（十六年九月号）でも「…俳句芸術を通じて、あらゆる人間における人間意識あるひは精神活動の共同性または共同性を見る…この人間意識の共通性こそあらゆる芸術が成立する隠された第一条件である。」と繰り返されるが、このような「人間意識の共通性」を措定する姿勢が、『蠟人形』で奈切が重ねて批評を掲載する背景にあったのではないか。奈切も芸術評価の基準に普遍性を追求していた点で、大島の視点と通底する発想を示していた。

『蠟人形』での最初の批評掲載となった「智慧と芸術」で、奈切は大島の「ポエジイ」と重なるような理念として、「智慧」を打ち出している。「智慧と芸術」以前の「智慧の貧困（詩壇時評）」（『新領土』昭15・1）で提唱されていた「智慧」は、「単に表面を走るだけの詩」に対して、「智慧」が生み出す「自ら思索してゐる詩」に詩の方向を求めたように、奈切の批評原理の基軸となるもので、「智慧と芸術」は「…人間それ自体、人間そのもの、本質に根を下」ろす「智慧」の重要性をさらに主張した論でもあった。こうした普遍的な精神性を志向する姿勢が、大島の期待ともなったのか、「智慧と芸術」以後、十二月号から翌十六年八月号まで計七回の時評が掲載される。これらの時評では「自らへの強力な闘い乃至思索と、探究」による「哲学的深さ」の獲得と、「人類を縦横に貫いて流れてゐる地下水」にまで達する「深い智慧ある詩」の創造を期待（十六年六月号）する「智慧と芸術」の視点からの発言が繰り返し語られ、同時代の「…主張すべき思想性乃至は論理にのみに終始し、真の芸術性を忘却したり軽視し勝ち」（同号）な傾向もあわせて指摘されていた。「単なるスローガンの韻文化、単なる指令の散文詩化、などは、詩と詩人とには何らの関係もないのである。」（「編輯者の手帳」十六年四月号）という大島の懸念と問題意識を共有する形で、奈切は「智慧」に基づく批評を展開していったのであろう。

　大島が編集を担当して以降、海外詩の記事が拡充されるのも、やはり「人間意識の共通性」を詩に求める姿勢の現れではないか。秋野さち子によれば、大島は「フランス文学をはじめ外国文学を主流に採り上げようとしたんだ。だから、ヘルダーリン…ランボー、エリュアール、アラゴン、バレリー、リルケなどを取りあげるようにした。[6]」と語ったとされるが、確かに詩面での海外詩人の作品紹介や批評の掲載は増加している。例えば十五年三月、四月号では、海外詩関連の記事はそれぞれ翻訳詩一編だったのに対し、編集担当以後の六月号では、マラルメ、ヴァレリーの訳詩と上田保訳のオーデン「詩人の本質」、笹沢美明「リルケとヴアリイ」の四編が、七月号でもヴェルレーヌ、ヴァレリー、ゲオルゲの他、大山定一「リルケの詩について」の四編が載り、オーデンの詩論やリルケ論が連続して掲載されたように、掲載数が増えるとともに登場する海外詩人の幅も広がりを見せていた。このうち上田訳の詩論掲載は、八月号のエリオット「ウイリアム・ブレイク」、十一月号のE・ウィルスン「象徴主義論」で終了し、六月号七月号と続いていたリルケ関係の掲載は、八月号の笹沢の訳詩、十月号の石中象治「リルケとカロッサの出会」（十月号）、古賀剛「詩人の義務について」（十一月号）、十二月号の大山の訳詩と続けられ、十六年の号でも高橋義孝「ライナー・マリア・リルケ」（四月号）、石中「ドイツの象徴的詩人」（八月号）のように継続されている。高橋、石中にはそれぞれ「カロッサの詩風」（五月号）、「カロッサについて」（十五年八月号）もあり、『蠟人形』では新寄稿者である大山、石中、高橋を中心としてリルケ、カロッサの紹介が進められていたともいえる。リルケ、カロッサの他にも、ドイツ詩人では大島が言及した通り、十六年にはヘルダーリンが複数回紹介されている。

　ヴェルレーヌ、ヴァレリー以外のフランス詩についても、十五年の誌面では、翌年にも継続されるエリュアールの訳を始めとして、大島のランボオ、仏訳のヘルダーリンやティボーデ、バシュラールの詩論の紹介があり、十六年も大島訳のエリュアールやランボオ伝の他に、ヴァレリー、ランボオの訳詩、新庄嘉章訳によるボードレール評伝の連載等、フランス詩を中心とする海外詩の記事は十五年同様、充実が図られている。ただし高橋「現代ドイツの詩人について」（十五年十二月号）を始め、「ナチス詩抄」（十六年一月号）での作品紹介や、阪本越郎「ナチスの詩人について」（同号）、高橋「シュテファン・ゲオルゲ」（十六年三月号）のように、民族主義的な視点からのドイツ詩評価も誌面には現れ、先に引用した「単なるスローガンの韻文化、単なる指令の散文詩化、などは、詩と詩人とには何らの関係もないのである」の主張には、このような民族主義的な傾向への意識が働いていたようにも思われる。そこでは芭蕉、ネルヴァル、ランボオ、リルケ、ゲオルゲ、ヘッセ、ノヴァリスの列挙から「ひとびとのこころを豊かにし、ひとびとの精神に翼を与へ、かくて霊感を与へるものこそ詩人である。」と詩人の営為が強調され、その後の結論部分にこの主張が述べられるが、大島の詩観とともに海外詩関係の誌面が増加された背景をも語った小文となっている。

第3節　詩論の充実

大島博光は『文芸汎論』の「詩壇時評」（十五年二月号）で、「詩の批評、詩人論の少なさ」も指摘していた。この「少なさ」の問題視も、作品に「存続してきた人間精神」を求める詩観から派生された提起であり、ここでも同時代の詩壇状況に対する大島の厳しい視線を通して、「詩の批評、詩人論」が必要とされる事情が語られている。大島によれば、「…詩の価値を発見し生産する批評もなく、ただ乏しい多数の低い評価に一任」されているため、同時代の詩人には、「孤独に値しない孤独を守つてゐる。その悪しき孤独の中で独語のごとき地方語を語つてゐる」状況は生まれているとされる。こうした「言葉といふ財宝が空しく浪費され」さらに「人間精神が希薄となり、はては不在」となっている現状を打開するために、「今は不毛な詩の表皮についての十の詩論よりは、詩の肉体についての豊饒な一つの批評評論が必要なとき」との認識を示される。詩批評が「貧困をきはめてゐる」状況とその弊害を語り、批評の活性化を強く期待したこの提起が、奈切哲夫に加え、高橋玄一郎や伊藤信吉の起用にも反映されたのであろう。

先述の通り、高橋の詩論掲載は十五年六月号の「詩的体系について」から始まるが、この論は「詩的定型が歴史的な形成作用として、詩史的自然的に形成される」「詩史的法則性」を基軸に、今後の方向が示唆されるように、高橋の詩史観から打ち出された詩論となっている。詩の歴史的展望は、高橋が継続的に取り組んできたテーマであり、「詩的体系について」以前には、詩誌『リアン』（昭4・3〜12・6）でともに同人であった竹中久七、藤田三郎との共著で『啓蒙日本詩史』[7]（未刊行）がまとめられ、「回想のマラルメ」（『日本詩壇』十三年五月号）、「定型考序説」（『日本詩壇』同七月号）でも、マラルメの詩史的位置や、古代から近代詩までの「定型構成の方法」が論じられてきた。「詩的体系について」はこうした論考の延長上に位置した論で、続く十五年一月号掲載の「詩人の出陣」（十一月号）では詩史的展望を踏まえ、過渡期にいる詩人のあるべき姿が想定されている。翌十六年の号でも、新たな「詩的定型」の創造を求めた「定型私議」（一月号）、竹中の詩集『中世紀』[8]を素材に「詩的文化」が構築されていく過程を確認する「詩的文化」（三月号）と、詩論の掲載が続き、高橋の詩史観から抽出された詩の進路が提起されていく。十六年二月に高橋は『現代日本詩史』[9]を刊行し自己の詩史観を集成するが、『蠟人形』で掲載された詩論には、歴史的展望とともに詩の進路や詩人の姿勢への言及も含まれ、「生産」的な批評を待望していた大島の期待に応えたものだったと思われる。高橋の詩論掲載は「詩的文化」までで、以後は四月号のアンケート回答の他、「梅雨の窓」（十六年七月号）、「白く暈どり」（八月号）、「山湖の禊」（十二月号）と、日米開戦直後の治安維持法違反容疑での検挙により、高橋の寄稿が停止するまで、詩とエッセイの掲載が続いていた。

高橋同様、大島が編集を担当した後に初めて誌面に登場した伊藤も、掲載を重ねた批評家となっている。伊藤については「詩壇批評」（『文芸汎論』二月号）では「詩の肉体」に「触れる」詩論の好例として、「中原中也論」（『文学界』十四年十二月号）を評価し、さらに大島が編集を担当し始めた直後に『現代詩人論』[10]を刊行していたため、大島の注目も高かったのであろう。初掲載となった十五年十月号の「覚書（現代詩に就て）」は、同時代詩にうかがえる「リアリズムの主張による『事実』だけの展開」「リリシズムの擁護をもつてする古典への回帰」の二傾向を退け、現代詩の方向を「意識されたリアリズムの犠牲による、新しい抒情の陶冶」に求めた論で、現代詩の進路についての丁寧な考察が展開されている。その後も十六年の号では古代歌謡を論じた「郷愁の詩篇」（三月号）、「詩人の生命」を「主観的真実」に求める「詩人の運命」（六月号）、詩人と言語の問題を取り上げた「発想と創造」（十一月～十二月号）と寄稿が続き、この他にも十五年十二月号と十六年二月号の「新刊詩集評」にそれぞれ「緑川昇『稗子抄』小感」「草野心平詩集『絶景』断片」を載せ、その他十六年四月号のアンケート回答にもあるように、『蠟人形』の詩批評を支える寄稿者でもあった。

　十五年五月号から十六年十二月号までの誌面では、詩論や批評の記事で高橋、伊藤、奈切以外の新寄稿者も活発な活動を展開している。この間エッセイ的なものを含め詩論等を重ねて掲載した執筆者として、奈切、高橋義孝、石中、高橋玄一郎、伊藤の他、日夏耿之介、山本和夫、横山青娥、春山行夫、安藤一郎、岡本潤、佐藤一英、長田恒雄、永田助太郎、阪本越郎、菊岡久利、山田岩三郎、古賀剛、大江満雄、平野威馬雄、吉田一穂、平田内蔵吉、上田敏雄、穴戸儀一があげられるが、このうち、山田以下の執筆者が『蠟人形』への新寄稿者であり、新たな詩人の起用から詩批評の活性化を期待した大島の姿勢があらためて確認できる。新寄稿者の掲載作には、大江「詩の絶壁」（十五年八月号）、上田「太陽と共に―『リアリティのランプ』の後に―」（十五年十二月号）のように、自己の詩学を詩論風エッセイで語った作品が見られるとともに、山田の「歴史の過酷性と詩人の位置」（十五年十二月号）のような、同時代の詩壇状況を踏まえた批評性の高い詩論も発表されている。山田は大島が「詩壇時評」を連載する少し前に『日本詩壇』に「詩壇時評」を三回連載（十四年九月～十一月号）し、芸術論的な視点から詩壇の動向を概観していたが、おそらくこうした批評姿勢への大島の注目が、『蠟人形』での起用となったのではないか。その後の「批評の確立」（十六年三月号）でも自己の詩観を踏まえた方向が模索され、高橋、伊藤同様、大島が求めていた単なる「片々たる詩人攻撃や詩集紹介」（「詩壇時評」『文芸汎論』十五年二月号）ではない批評が山田にも期待されていたのであろう。

　このように、十五年五月号からの『蠟人形』の誌面には、大島が『文芸汎論』の「詩壇時評」で提起した方向が反映されていた。さらに海外詩記事の拡充や詩論掲載に現れたこの方向を、新しい寄稿者を中心に進めていったことが、十五年五月号以降の『蠟人形』にうかがえる傾向ともなっていた。加えて掲載される詩についても新寄稿者からの作品が多く見られ、巻頭に著名な詩人の作品やエッセイを載せる等の全体的な誌面構成に変化はないものの、巻頭以降投稿欄までの中間部分には新寄稿者の作品を載せる形で、大島は『蠟人形』に新しい方向を与えていったといえる。こうした大島の試みについては、村野四郎の「『蠟人形』は大島博光氏の努力によってその色彩を単一純化し」

との評価が得られた半面、小林英俊の回想に「そして大島氏の編輯になつてから初心者には苦手であつたと思ふがグンと程度が高調され純詩誌として重視されるやうになつて…」[12]とあるように、以前から『蠟人形』に関係していた者にとっては、専門性の高い「純詩誌」へ傾斜したとの印象も与えていた。確かに小林が回想するように、大島の「ポエジイ」重視の詩観からの編集は、『蠟人形』の投稿詩誌としての性格を希薄にし、専門的な詩誌性を強化したと思われる。

第4節　戦時色の強化

一方で大島が編集を担当していく十五年五月以降は、戦時色が一層強化される時期でもあり、『蠟人形』の誌面構成にも時局性が現れていった。十五年の号では、長田恒雄の「新体制と詩人」（十一月号）のような政治情勢を踏まえた論の掲載は少ないものの、十六年の号を見れば、四月号のアンケートに「第一問『新体制に処する詩人の覚悟』」が設定され、丸山薫を始めとする三十名の詩人が回答を寄せている。同号には田村昌由「現代青年詩人の動き」も載り、国策に沿った詩人団体の情報が提供されるが、長田「文化翼賛としての詩人団体とその動き」（七月号）でも、団体紹介と「詩人の翼賛の使命」が語られている。以後も浅見勝治「詩人と翼賛」（九月号）、長田「詩人と翼賛」（十月号）、山本和夫「戦場と詩人」、蔵原伸二郎「民族的優越感」（十一月号）と、十六年後半には時局を踏まえた批評が相次いで掲載され、当時の詩壇状況を強く反映させた論調も現れてくる。例えば浅見の「詩人と翼賛」では、詩人の「真の職域奉公の意義」として「…吾々は国家の終局の目的性の為には、片々たる小我や偏見を捨て、率先して全体的組織のもとに統合されねばならぬ…」と詩人の翼賛意識が強く求められている。また蔵原の「民族的優越感」でも「…正しい民族的優越感の上にすべての文化的創造は行はれねばならない…」、「日本人の優越感は我々が何よりもまづ皇国の臣民道に徹することから以外には絶対に出発点はありえない…」等の民族意識が濃厚に打ち出されるが、このような翼賛意識や民族性を強く表出させた批評の掲載からも、戦時色が『蠟人形』に強く浸透していく様子をうかがうことができる。

大島が「ポエジイ」重視の姿勢を、時代動向と重ねるような形で発言するのも、やはり時代の重圧を強く意識していたためではないか。例えば十五年九月号の「編輯後記」では「われわれの民族はいま未曾有の試練のまへに立つてゐる。すべての力が、あらゆる力がそこに集中されなければならぬ。」と時局への言及から始められ、この表明に続けて、

> しかも、われわれの詩人たちの負託と奉仕は単に勝利への鼓手としてとどまることにあるだけではなく、実にこんにちの時代の詩芸術を新しき伝統として確立するところにある。これは極めて困難にして永遠の課題であり、ひとり詩人のみによつて担はれた美しき義務である。

と、翼賛意識に結び付けた詩人や詩のあるべき姿が述べられる。同様の姿勢は十六年の号でも繰り返し語られ、十六年十一月号「編輯者の手帳」でも冒頭の、

> 世界を蔽ふてゐる嵐は、いつやむかはかり知ることをゆるさないのみか、いよいよ激しく全地球を揺つてゐる。建設のための闘ひが、このやうに広大な地域に於いて、且また文化をふくめてこのやうに根深い領域に於いて、くりひろげられたことは嘗つてなかつた。しかも、われわれの日本が、かかる建設の闘ひの偉大なる旗手であることを、われわれは自覚すると同時に、その責任の大きいこと知らねばならぬ。

に続けて「詩人には芸術建設といふ無限なる困難を要求する義務がある。今日の偉大なる瞬間を永遠に残すモニユマンタルな芸術創造こそ芸術家の義務である。」の主張が展開され、

> この異常なる時に、芸術と呼びえないやうな芸術をつくり、芸術家の純粋な義務を果したと信ずるものがあるならば、それは「安易」「不純」「偶然」といふ敵に敗れたものといはねばならぬ。／芸術家の闘ひには無限の覚醒と意識とが必要なのである。

の一節で結ばれていく。時代情勢を顧慮した表現を含ませつつ「詩人の祖国への奉仕はただ世界大の詩作品を書くことにかゝつてゐる。」（「編輯者の手帳」十六年七月号）といった自己の詩観の表明によって、「勝利の鼓手」や「安易」、「不純」の語が暗示するような同時代の詩傾向への批評が試みられているのであろう。

　自己の芸術観を通して同時代の詩を批評する試みは、この時期の『蠟人形』では奈切哲夫からもなされていた。先に見た通り、大島同様、普遍的な人間性に芸術評価の基準を求めていた奈切は、自己の評価軸による詩壇状況への鋭角的な批評を誌面で展開してきた。詩の翼賛傾向についても「詩壇時評」（十六年八月号）では、詩人団体の設立を「…詩人が文化の一面から翼賛の一端を分担せんとする意図は極めて意義することに違ひない。」としつつ、

> しかし、これらの諸団体に所属する人たちの多くを共通的に一貫して流れてゐる傾向は余りに主張面のみに捉はれ過ぎ、芸術本来の本質を閑却してゐる傾向が次第に濃くなりつゝあるといふことである。換言すれば詩の根ざしてゐる土壌が次第に多元的な性格から一元的な性格に移行しつゝある傾向が見受けられるのである。

との危惧が語られる。奈切は「…偉大なる芸術は…多元的な思索的土壌の中に胚胎しなければならない。」との持論から、翼賛傾向を批評し、

> 今日の如き性格を含んでゐる時代にはいつの時代に於ても又いかなる国に於てもかゝる傾向が支配的になり勝ちのものであるが、しかしいかなる時代に於いても芸術家の生命により秀れた芸術への探求であり《（ママ）》。又偉大なる芸術は一元的な世界の中には住んでゐないといふことを忘れてはならない。又詩に於ける翼賛があくまでも芸術としての面からの翼賛である以上、どこまでもより偉大な芸術へのグラフ線上に深く根を下してゐる芸術からの翼賛でなければならないといふことも多言を要しない。

との見解を導くのだが、大島が「世界大の詩作品」に詩の方向

を求めたのと同様に、「偉大なる芸術」との対比によって翼賛詩の現状が眺められている。

さらに十六年後半の号でいえば、大島や奈切に近い視点を提示した論として、十月号掲載の長田恒雄「詩人と翼賛」もあげられる。寄稿で求められた「如何に翼賛してゐるか」、「如何に翼賛しなければならぬか」の回答として、長田は「…何等詩作の実践もなしに、ただ声のみを大にして時局の波にとびのらうとすることも、翼賛のみちではない。」、「もとより本質的な詩人としての価値は、いかによき詩を書くかによつて定まるのである。つまり詩人として翼賛する真実の資格はそこにある。」と作品の内容や創作力に焦点をあてた方向を強調する。「よき詩」の概念については言及されないものの、「詩に専心することが何よりも詩人の本道」との観点から「芸術としての面」からの翼賛詩を求めた点で、長田の姿勢は大島や奈切の問題意識と重なり合う。同号「編輯後記」では「周到な時局意識を以つて、詩人の翼賛を論じたもの」と語られ「御愛読を乞ふ」との一節が付加されるのも長田の姿勢への評価であろう。このように十六年後半の号には、同時代の詩状況を強く反映させた批評とともに、同時代詩への批評性を含ませた詩論も、あわせて掲載されている。批評の充実を図ってきた方向は、同時代詩の傾向への複眼的な視点を誌面にもたらしたのではないか。

注

（1）野田宇太郎「朧月夜のすべり台」（昭和五年七月号　童謡）、松本隆晴（柳星）「銀の匙」（昭和十三年五月号　詩）／「空耳」（昭和十三年九月号　小曲）、〔以下、43～45頁参照。〕木下夕爾「海へゆく道」（昭和七年三月号　童謡）／「渚の哀章」（昭和七年六月号　小曲）、鮎川信夫「逃亡」（昭和十三年二月号　詩）

（2）腰原哲郎「高橋玄一郎年譜」（『季刊地域と創造』一九七九年第9号）

（3）大島博光記念館ＨＰ「詩誌『信州モンパルナス』目次」（http://oshimahakkou.blog44.fc2.com/blog-entry-1961.html）

（4）松本隆晴「思い出の日々　懐かしい人々（5）」（「信濃毎日新聞」昭和五十一年一月二十一日）
松本隆晴「暗い季節の思い出」（「信濃毎日新聞」　昭和五十年十一月二十五日　『暦象』83集　昭和五十一年十二月）

（5）西山克太郎・森山仲治・岡沢光忠・柳沢さつき「北信詩壇を語る―北信地方詩史一覧―」（かおすの会編『信州詩壇回顧』1963年1月《かおすの会》）

（6）秋野さち子・新川和江「対談『蠟人形』の頃」（『季刊文學館』第四号　1984年4月）

（7）高橋玄一郎・竹中久七・藤田三郎『啓蒙日本詩史』（昭和十三年七月　リアン社）

（8）竹中久七『中世紀』（昭和二年十二月　詩之家出版部）

（9）高橋玄一郎『現代日本詩史』（昭和十六年二月　山雅房）

（10）伊藤信吉『現代詩人論』（昭和十五年七月　河出書房）

（11）村野四郎「悲壮なる決算―昭和十六年度詩集詩誌について―」（『文芸汎論』昭和十六年十二月号）

（12）小林英俊「蠟人形の回想」（第二期『蠟人形』昭和二十一年六月号）

第5章　日米開戦後の『蠟人形』

第1節　開戦後の誌面 I

十六年十二月の日米開戦は早速誌面に反映され、十七年一月号の巻頭には西條八十の詩「戦勝のラジオの前で」が、また巻頭近くに緒戦の勝利を踏まえた蔵原伸二郎の「文化宣戦」が掲載されている。「文化宣戦」は「民族的優越感」同様、民族主義に深く傾斜する自己の位置から詩人の姿勢を求めたエッセイで、「芸術は民族国家と共に愈々その光輝を発する永遠の消耗せざる武器である。」や「われら今こそ欧米的精神に宣戦し、これを徹底的に撃滅しなければならない。」のように、開戦によって喚起されたナショナリズムが全面的に打ち出された「主情に徹した極端な攘夷論」[1]（笹澤美明）の作品となっている。蔵原論に現れた開戦後の風潮を意識したためか、大島による同号の「編輯後記」にも民族意識は一段と強く映し出しされ、「昭和十六年十二月八日――ここにわれわれがこころ深く深く銘記すべき偉大な日附がある。」の書き出しから始まるこの文では「偉大なる戦ひの日は来た。」、「…われらが祖国の前衛は早くも海に陸に、驚異すべき勝利を挙げてゐる。」との開戦の感激が感情的な筆致で綴られ、「今こそ、詩人たちが象牙の塔より降り立ちて、祖国に奉仕するときが来たのである。」と詩人の責務が強調される。『蠟人形』への開戦の影響は、このような翼賛姿勢の強調として現れ、十七年の『蠟人形』は翼賛性を強める形で刊行されていった。

強化された翼賛姿勢の現れとしては、まず蠟人形社が主催し、大政翼賛会の後援を受けた「愛国詩の夕べ」の開催があげられる。十七年二月号の「編輯後記」や同号での予告によれば、二月十四日に日本青年館で開催されたこの催しには、西條や尾崎喜八、蔵原、佐藤一英、大島等による詩朗読の他、講演、舞踊、独唱の演目が計画され、開会趣旨として「皇軍将士への感謝を表現し、併せて銃後の精神昂揚に資すると共に、詩芸術の隆盛を期する」ことが掲げられていた。その後二月二十八日に変更されたものの、予定通り開催され「…多数の――殆ど意外とも云ふべき――参会者を得た事は、誠に意味深く且つ喜ばしき現象であつた。」（「編輯後記」十七年四月号）との回想が語られている。誌面上に見られた翼賛姿勢の拡大としては、まず愛国詩隆盛の動きを踏まえた二月号からの「愛国詩」投稿欄の設置が指摘できる。十三年一月号から設置されてきた「戦時歌謡」投稿欄に代わって登場した二月号「愛国詩」欄には早速十一編の詩が掲載され、同号推薦欄にも戦闘機の雄姿を描いた「炎の舞」と題した投稿作が載せられている。さらに「愛国詩特輯」として編まれた三月号には、巻頭に佐藤惣之助「一機還らず」、大江満雄「友人よ」、後藤郁子「天の戸」、安藤一郎「国土の空」、笹澤美明「銀の栄冠」の五編が掲載されている。詩論でも翼賛色を色濃く打ち出した批評が掲載され、三月号の西尾洋「大東亜戦争と愛国詩」では、「現下の戦争に勝つための緊急なる愛国詩」と「時の戦ひにも耐へうるがごとき永遠の愛国詩の創造」の必要性が訴えられ、そのための詩の音楽性や「英雄的精神」

の覚醒が求められている。西尾は戦争が詩に与えた「偉大なる教訓」に「英雄的精神の存在」をあげるが、四月号の深尾須磨子「愛国詩をめぐつて」でも「遠征皇軍将兵の、勇美を兼ね備へた高潔な意気と行動」に「日本の詩精神の現実的高揚の極致」を重ね、「詩は飽くまでも歌ふべきものである」ことが主張されている。詩の朗読が盛んとなった開戦後の動向に呼応する形で、両論とも詩の翼賛方向を探ろうとしたのであろう。

しかしこの時期掲載された詩論には、翼賛姿勢を全面的に提唱するのではなく、愛国詩や翼賛詩の問題点を指摘する姿勢も表明されていた。例えば前年十月号の「詩人と翼賛」で、翼賛詩に芸術性を求めた長田恒雄は、二月号の「詩人の決意について」でも、国威発揚等のために要請されている詩の「効用的な面」と、「純粋な詩の実験」を対比させ、「たとへば朗読詩を国家機関が求めてゐるからと言つて、すべての詩人が朗読詩ばかり書いてゐていいと言ふことではない」ことを強調し、結論として次のような主張を提示する。

純粋なアルバイトをなおざりにしては、いかなる熱情も決意も真の用をなすことは出来ない。僕等詩人は、今日身をささげ生命を賭して詩報国に専念すべきであり、それ故にこそ、僕等は純粋な詩精神の活動を志し、安易な妥協を排して、厳格潔癖なる詩人の本分に立ちつづけなければならないのである。

ほぼ同時期に発表した「現代詩として」[2]でも長田は「…愛国詩を書くにしても、何よりも先づそれが詩でなければならない…」、「…如何に愛国的であつても、それが詩の高さを持ち詩の世界を持つてゐるものでなければなるまい。」と作品価値を強調しているが、「詩人と翼賛」に見られた姿勢は開戦後の詩壇傾向に対しても継続して示されていた。

さらに長田が求めた芸術性を、表現の問題から追求した論として、三月号には岡本潤「時代の韻律―詩壇時評―」[3]が載っている。この論で岡本は、神保光太郎の「国民詩の進撃」の一部を引用しながら、神保のように開戦時の「国民的感激」が「即応的に詩に翼をあたへるものになつてゐる」ことへの疑問を起点に、「烈しい内部的相剋」が認められない愛国詩の「うはずつた調子や粗硬な叫喚」や漢文調や文語調の詩の「懐古性」や「停滞性」を指摘する。岡本によれば「詩人の言葉が十分に練り鍛へられたもの」になるためには「詩人自身の苛烈な自己否定」が必要であり、この詩観からの同時代の愛国詩への厳しい批評が語られている。このように翼賛の姿勢が表明される一方で、芸術性の観点から同時代詩の傾向を眺める論の掲載からは、開戦前からの誌面傾向の継続もうかがうことができる。翼賛姿勢を強化しながら活発な批評を目指す姿勢は開戦後の誌面にも維持されている。

第2節　開戦後の誌面 Ⅱ

以前の誌面傾向が開戦後も引き継がれたものの、この時期の『蠟人形』は用紙統制による頁数の減少問題[4]にも直面していた。大島が編集を担当して以降、十六年十月号まで維持された百四頁の体裁は、十一月号で九十六頁、十二月号からは八十頁[5]、十七年二月号から七十二頁と徐々に崩れ、十七年五月号以降十八年四月号までの一年間は五十六頁で刊行される。このように頁数が一年間で半分近くにまで縮小されていくにもかかわらず、大島が志向してきた批評の充実は、頁数が一段と減少した十七年五月号以降でも試みられ、例えば五月号には堀安夫「散文から詩歌へ」が掲載されるように、新たな寄稿者による詩論面の活性化も図られている。「――ポエジーの在り方について――大江満雄氏におくる」との傍題を持つ「散文から詩歌へ」は、言語哲学的な視線から詩の根本的な性質を追求した本格的な詩論で、散文と詩歌の言語を比較し、「言語が事実との最短距離に置かれてゐる」散文に対して、「事実のところへは到達しない」詩歌言語の特質が指摘される。「詩の肉体についての豊饒な一つの批評評論」[7]を待望していた大島は、編集担当以後奈切や高橋玄一郎、伊藤信吉等の新たな詩論の書き手を登場させてきたが、堀の起用にも大島の期待が働いていたのではないか。さらに堀論で考察された詩語の問題は、他の執筆者からも論じられるテーマとしても浮上し、堀論を契機に詩語や詩の本質性を論じる詩論の展開が生まれている。

その一つが六月号掲載の大島「詩についてのノート」であり、堀と同様に詩と散文の質的差異が問題視される。大島は以後「詩についてのノート（Ⅱ）」（八月号）、「詩についてのノート（Ⅲ）」（十月号）と書き継ぎ、作品構成を重視する主知的な姿勢を詩人に求めているが、編集担当以降、「編輯後記」等で断片的に語られてきた大島の詩観が概括された連載となっている。堀も八月号に「佐藤一英著『空海頌』について」を、九月号には「散文から詩歌へ」の続編「詩歌の言葉から神の言葉へ――ポエジーの在り方について（承前）――」を発表し、詩歌の芸術性を再論していくが、この九月号には、「散文から詩歌へ」に応え「――堀安夫氏におくる（その一）――」と傍題された大江満雄の「詩語と現代国語の問題」も載り、詩語と日常言語の関係が論じられている。さらに十一月号「特輯『詩人と国語問題』」の企画も、このような堀論を起点にした詩語考察の広がりから導かれたのではないか。この特集では奈切「国語問題談義」、岡本「現代日本語――一詩人の感想――」、安藤一郎「詩人より見たる国語問題」、横山青娥「迎合主義を排す」、近藤東「詩人と国語問題」の五編が各々の視点から詩語の問題を語り、詩語を対象とした論がまとまった形で提出され、詩論の充実を求めてきた『蠟人形』の姿勢が現れた誌面となっている。同号「編輯後記」には、「…詩人はおのおの詩作を通して、絶えず国語問題の根源的な面に直面し、言葉について思索し、国語を美しくすることに絶えず配慮してゐなければならぬ。」の一節が記されているが、開戦後の詩面でも詩の芸術性を重視していた大島は、五十六頁となった五月号以降、詩や詩語の「根源的な面」を探る方向に焦点を絞り、批評の活性化を模索したと思われる。

十八年の号でも頁数減少はさらに進み、五月号以降は四十八頁に、九・十月合併号では四十頁に、その後は最終号となる十九年二・三月合併号では三十八頁になるものの、十一月号から十九年一月号までは三十二頁まで激減する。このような困難な状況の中でも、堀「対話の言葉―ポエジーとモラルの問題―」（一月号）を始めとして、伊藤信吉「現代詩の古典性（一）～（四）」

（二月、四月、七月、九・十月合併号）、奈切「悟性の開化―美の秩序・序説―」（三月号）、大江「間接表現と直接表現　主として西行と実朝にふれ、堀安夫氏におくる」（五月号）、内山義郎「詩と生活」（八月号）、瀧口修造「声と言葉」（同号）、堀「詩歌の運命――ポエジーとモラルの問題――」（十九年一月号）等の詩の芸術性を解析する批評の掲載が続いている。緊迫化する戦時状況を受けて、「銃後の士気を沮喪し、その戦意を鈍らせるやうな詩は抹殺すべきである。」と主張する大島庸夫「決戦下の詩人と詩―詩もまた武器である――」（十一月号）のような時代風潮がそのまま表出された論も誌面には登場するものの、十八年以降の詩論掲載にも、芸術価値を重視する大島の姿勢が反映され、批評の充実を求める方向が休刊の頃までも模索されていたのであろう。

第3節　開戦後の誌面 Ⅲ

批評とともに、海外詩の紹介や翻訳に力を注ぐ方向も、開戦後の誌面には継続されている。例えば十五、十六年の号に多く見られたリルケへの着目は、十七年一月号から始まる関口政男訳の「オルフオエスに捧げる十四行詩――ウエラ・オウカマ・クノープの墓碑銘として――」、「オルフオエスに捧げる十四行詩（第二部）」が、十八年十二月号まで断続的に計十二回掲載されるように十七年以降も引き継がれ、終刊までには堀口大学の訳詩の他、批評等では石中象治「リルケの愛について」（十七年一月号）、堀口訳「リルケの墓を訪ねて　アリエット・オドラ」（十八年二月号）が掲載されている。リルケ以外のドイツ詩については、笹澤美明訳「ナチス詩抄」（十七年九月）や石中によるゲオルゲの訳詩の他、ドイツ詩紹介の石中「ドイツに於ける『春』の詩と詩人」（十八年四月号）やドイツ詩を民族主義的な観点から概括した高橋義孝「ドイツの愛国詩について」（十七年四月号）、「文化形成者としての詩人――ドイツ詩人について――」（十七年十月号）もあり、ドイツ詩関連の記事は誌面に多く登場していた。フランス詩も、新城和一のヴァレリー訳や堀口、青柳瑞穂によるノワイユ夫人の訳詩の他に、批評の翻訳として中桐雅夫訳「ヴァレリイ論（一）～（二）　セオドラ・ボナンケ」（十七年一月～二月号）、大島訳「詩人と神秘家　ロオラン・ド・ルネヴァル」（十八年三月～五月号）、「詩と神話（Ⅰ）～（Ⅳ）　ロオラン・ド・ルネヴィル」（十八年六月～九・十月合併号）があり、さらに『蠟人形』への初寄稿となる堀田善衛の批評「ラムボオに就いて――『酩酊の朝』をめぐつて――」（十七年九月～十月号）も掲載されるように、十七年以降もフランス詩への視線は誌面に現れていた。その他の海外詩記事としては、奈切訳「エドガア・ポオ研究（1）～（5）―伝記的背景―　アーサー・ランソン」（十六年十一月～十七年五月号）や日夏耿之介によるポーの訳詩等があり、十五年から十六年の号で海外詩の記事を拡充した大島の姿勢も、減頁後は規模を縮小しながらやはり誌面に働いていたと思われる。

さらに大島が編集を担当して以降、進めてきた新しい寄稿者の起用も、堀や堀田の登場に見られたように、十七年以降の誌面でも続けられている。十七年の号からの主な初寄稿者を見れば、井出則雄（十七年二月号）、壷田花子（十七年五月号）、中山省三郎（十七年八月号）、小島禄琅、宮川寅雄（十七年九月号）、中野鈴子（十八年一月号）、高祖保（十八年六月号）と、中堅詩人や詩以外の芸術家を含む幅広い起用が見られ、頁数が減少し刊行が困難となっていく時期であっても、詩誌としての質の高さを求める大島の意欲をうかがうことができる。

一方新進の新寄稿者としては、十六年十月号掲載のエッセイ「詩人と死」で登場し、以後休刊まで作品掲載を重ねた花岡脩があげられるが、その他では『蠟人形』への投稿活動が評価され、十五年前後に準同人に推薦された投稿者たちが想定されていた。例えば十四年に昇格した八條冷子は、大島が編集を担当する以前からの活発な寄稿を十五年以降も続け、休刊まで作品掲載を重ねるように、『蠟人形』を支える執筆者となっていく。ほぼ同様の例は、八條とともに十四年に昇格した村田和歌子、瀬川忠司や十五年に昇格した末竹余四春、十六年に昇格した西田春作、楊明文にも見られ、それぞれが休刊を告知した最終号や休刊近くの十八年の号まで寄稿を重ね、『星林』出身の松本隆晴、石井健次郎、龍野咲人等に続く有力な執筆者の出現となっている。編集を担当し始めた前後の時期の昇格者たちに、大島は以後の書き手として期待を寄せ、八條たちもその期待に応え、戦時下の『蠟人形』を支える執筆メンバーになっていったのであろう。八條は第二期『蠟人形』や『プレイアド』にも作品を寄稿し、その後も『蠟人形』投稿者であった山本格郎、青木実（青磁）が参加していた関西の同人誌『灌木』[8]で詩作活動を続けている。西田、楊も同様に詩作を継続させ、平成元年に西田が上梓した詩集『夏の火歌』[9]には大島が跋文を寄せ、楊についても韓国での詩作活動が報告されているが[10]、八條たちにとって、この時期の『蠟人形』は戦後の活動に繋がっていく初期作品発表の場でもあった。

さらに、寄稿者への昇格はなかったものの、八條や西田たちに続く形で、この時期に優れた投稿成績を重ね、戦後も詩作活動を継続させていった投稿者として、河合幸男の名もあげておきたい。河合は十三年の号より詩や短歌での投稿を始め、十五年の号以降はたびたび推薦欄に作品を載せ、休刊間近の十八年十二月号まで作品を発表していくが、投稿以外の場面でも積極的に活動した投稿者であり、同時期の東京支部にも参加するとともに、阿部圭一郎からの依頼に応えて、山崎智門の遺稿集『極圏投影』の装丁も担当していた[11]。河合の後輩同窓生であった平林敏彦[12]によれば、河合は第一詩集『空玄の花』の原稿を印刷所に預けたまま出征し、被災で一切が焼失したものの、帰還後の二十一年六月に『蠟人形』等に載った十三編の詩によってあらためて刊行したとされ、『蠟人形』への投稿活動が河合に与えていた重みを察することができる。河合も第二期の『蠟人形』『プレイアド』に参加し、その後も詩作活動を続け、昭和四十二年には第七回室生犀星詩人賞を『愛と別れ』[13]によって受賞するが、八條や西田同様、『蠟人形』での活動が以後長く継続される詩作活動の原点ともなっていた。減頁が進行する中でも、有望な新人を育成する力を『蠟人形』は失うことはなかったといえる。

十五年五月号以降の大島が編集を担当していく『蠟人形』は、時代風潮との対応や頁数削減等の困難に直面しながら十九年二・三月合併号での休刊まで約四年間刊行されている。しかし

◇編輯後記◇

★

いよいよ苛烈なる戰ひは、祖國の大いなる怒りを呼びさまし、われらの精神を大いなる歷史の場へと驅りたてる。花をかざして戰ひに臨んだわれらが祖先の血は、今もなほ、如何なる苦難の前にも從容として、絕望することを知らぬ清冽な戰士の體內を流れてゐるのである。旣に死を學びとれるがごときわれらが戰士！

★

哲學することは死を學びとすることであるといはれる。しかし詩においては旣に死は越えられてゐなければならぬ。死してこそ生きるといふわれらが民族の叡智は、かかる生の秘密を看破してゐるのであるが、このやうな叡智はまた藝術によつて絕えず養はれ、傳へられ、耕されなければならぬ。そこにこそ詩の偉大な使命もあるのだ。今日、われらの前線將士が死に面しつつ、なほ高らかに詩を歌ひあげてゐるのは、あのわれらの最も美しき傳承の故にほかならぬ。

（大島博光）

★

本誌はこの二月號をもつて、雜誌統合に協力するため、無期休刊することになつた。何れ好機到來の節は題名を改めて讀者諸氏にまみゆるを期してゐる。永らく支持を賜つた寄稿家諸賢、並びに讀者諸氏に對して、ここに厚く感謝の意を表する次第である。

★

定價

册數	誌	送料
一册	四十五錢	二錢
半ケ年	二圓五十錢	不要
一ケ年	四圓九十五錢	不要

郵劵の場合は貳錢切手の事
尙一割增のこと

廣告料

普通頁……三十圓
表紙ノ二……八十圓
表紙ノ三……七十圓
表紙ノ四……百圓

——每月一回一日發行——
昭和十九年一月廿七日印刷
昭和十九年二月一日發行

東京都牛込區納戶町四十三
發行人　西條八十
編輯人　小川丑之助
東京都京橋區新富町二ノ一九
印刷所　大東印刷株式會社
印刷人（東二四九一東）伊藤憲逸

東京都牛込區納戶町四十三番地
發行人　蠟人形社
電話牛込五〇五六番
振替東京七三二七三

日本出版文化協會會員　一四三〇〇一番

東京都神田區淡路町二ノ九
配給元　日本出版配給株式會社

『蠟人形』昭和19年2・3月合併号（表3）

誌面を見れば、時代からの強い圧迫を受けながらも自己の芸術観に基づく大島の編集姿勢は一貫され、戦時下であっても芸術性の高い誌面が実現していた。編集開始時に志向された詩批評の活性化や海外詩の積極的な紹介、さらには優秀な詩人の発掘等は、休刊に至るまで試みられていたと思われる。三十八頁となったこの合併号の「編輯後記」(60頁参照)は、

> 本誌はこの二月号をもつて、雑誌統合に協力するため、無期休刊することになつた。何れ好機到来の節は題名を改めて読者諸氏にまみゆるを期してゐる。永らく支持を賜つた寄稿家諸賢、並びに読者諸氏に対して、ここに厚く感謝の意を表する次第である。

の文で閉じられ、創刊から十五巻二号まで百六十四冊を刊行して『蠟人形』は休刊となった。その後、詩雑誌は『詩研究』と『日本詩』の二誌のみに統合され、終戦を迎えることとなっていく。

注

(1) 笹澤美明「詩壇時評」(『文芸汎論』昭和十七年三月号)
(2) 長田恒雄「現代詩として」(『文芸汎論』昭和十七年四月号)
(3) 神保光太郎「国民詩の進撃」(『文芸』昭和十七年二月号)
(4) 日中戦争開戦後から始まった出版用紙の統制は、昭和十五年五月の内閣情報部「新聞雑誌用紙統制委員会」の設置により本格化し、昭和十六年六月には「出版用紙配給割当規定」が施行されている。この規定により、出版業者が事前に出版企画書を日本出版文化協会に提出し、査定を経て用紙の配給を受ける制度が始まったが、以後統制強化が進み、用紙割当量の削減も加速されていくこととなった。
(5) 昭和十六年十二月号「編輯後記」の末尾には「編輯部」名で「この非常時局、用紙節約に協力するため、減頁することになりました。それでもなほ、発行総部数の減少をまぬかれません。したがつて、従来通り全国の書店に配給されることは甚だ困難となりましたので、できるだけ直接読者になつて下さるやう、希望いたします。」の一文が付け加えられていた。
(6) 昭和十七年五月号には「戦時、用紙節約のため、頁数を、かなり、減少することにいたしました。それにともなひ、しばらくのあひだ、短歌欄、小曲欄、童謡欄、愛国詩欄を中止いたします。但し、小曲、童謡、愛国詩は、詩欄のうちに包括します。投稿者諸氏の御了承をねがふ次第です。」との「社告」が掲載されている。
(7) 大島博光「詩壇時評」(『文芸汎論』昭和十五年二月号)
(8) 山本格郎　水谷なりこ『「灌木」おぼえ書』(一九九二年年三月　編集工房ノア)
(9) 西田春作『夏の火歌』(一九八九年七月　詩画工房)
(10) 大島博光記念館HP「韓国の詩人　楊明文」(http://oshimahakkou.blog44.fc2.com/blog-entry-1678.html)
(11) 河合幸男「『極圏投影』の頃」(『蠟人形のささやき』第二十一集　平成五年四月　蠟人形の会)
(12) 平林敏彦『戦中戦後　詩的時代の証言　1935―1955』(二〇〇九年一月　思潮社)
(13) 河合紗良(幸男)『愛と別れ』(一九六七年五月　詩苑社)

おわりに

ほぼ十四年間刊行された『蠟人形』を概観すれば、投書雑誌として年少の文学愛好者たちに発表の場を与え、育成していった実績がまず指摘できる。一章で述べた通り、創刊直後から投稿欄は盛況を見せ、昭和五～六年頃には、以後『蠟人形』で長く活動を続ける山路百合子、山本格郎、秋野さち子のような投稿者たちも現れてくる。小論冒頭で言及した詩人では、木下夕爾が七年の号に、中桐雅夫（白神鉱一、葦原哲）が、十一年から十三年の号にかけて、鮎川信夫が十三年の号に投稿作品を掲載している。三人の他にも、戦後活躍した詩人、文学者でいえば、野田宇太郎（五年）、石垣りん（石垣りん子、十一～十二年）、伊藤桂一（十一～十二年）、北村太郎（松村文雄、十三年）、小島直記（十二～十六年）等の名が投稿欄には見られ、前章で言及した西田、八條、河合等のように、十年代の号でも熱心な投稿者たちが続出していた。投稿期間に差はあるものの、文学表現を志していた十代後半の者にとって、『蠟人形』はその成果が確認できる親しいメディアであり続けていたといえる。

さらに後進育成の面でも『蠟人形』は成果を上げていた。第1章の注5でも引用したように『プレイアド』創刊号の「あとがき」で門田穣は「われわれは大体『蠟人形』に拠つていた詩人達です。世ではわれわれを『蠟人形派』と呼んでいたやうです。」と記すが、山路や山本を始め、『プレイアド』に参加する秋野、晶玲子、八條、河合、松村美生子、三谷木の実等は、『蠟人形』への寄稿を通して、『蠟人形派』の後進となる力を培っていた。『蠟人形』への投稿から活動を始め、以後作品の掲載を重ねていく『蠟人形』生え抜きともいえる新進の輩出は、『蠟人形』の功績として評価できるのではないか。

一方、新進育成の性質も保持しつつ、比較的長期間刊行された『蠟人形』の詩誌としての方向は、時期によって変化も見せている。創刊後は、まず若年の文学愛好者が歓迎するような幅広い誌面構成が追求されていた。主宰者西條がクローズアップされるとともに、映画等の芸能情報も記事に組み込まれ、さらに詩人だけではなく、新進作家も執筆する等の多彩な誌面作りが展開される。創刊後の『蠟人形』は、詩に限定されない総合的な文芸誌の色彩も加えることで、読者の獲得に努めたのであろう。このような路線は六年後半から編集を担当した加藤憲治により詩を中心とする方向があらためて強調され、詩専門誌への方向が進められていく。詩壇展望や詩壇時評も載せた公器的な詩誌への動きを増す七年の号以降の『蠟人形』は、詩誌としての性格を明確に打ち出した専門誌となっている。

加藤は専門誌性を進めるとともに、自己の問題意識を反映させた誌面も積極的に展開したものの、退任により広がりを見せることはなく、後任の大島により『蠟人形』の専門性がさらに追求されることとなった。寄稿者の拡大や詩論の掲載、海外詩への視線等が反映された誌面からは、専門性をさらに高めた『蠟人形』が確認され、専門的詩誌としての充実はこの時期の『蠟人形』に見ることができる。その後、日米開戦による戦時色の深まりや頁数のたび重なる減少により、大島の目指した方向は困難となるものの、前章で見たように、芸術価値を重視する姿勢は休刊の頃まで保持されていた。このように長く刊行された『蠟人形』を専門的詩誌の面から見れば、加藤と大島の求めた公器性が注目される。加藤により詩壇全体や同時代の詩動向を眺める複眼的な視線が誌面に定着され、さらに大島が新しい寄稿者を積極的に加えることで、多様な誌面が展開されていた。『蠟人形』の軌跡は、西條や西條門下による同人誌的な性格の詩誌から公器的詩誌へと発展していく過程でもあり、同時代の詩状況を映し出し、「詩史を探る資料」[1]（門田穣）として、詩史上での再評価とその進展が求められていると思われる。

注

（1）門田穣「蠟人形」（昭和五十二年十一月　日本近代文学館・小田切進編『日本近代文学大事典　第五巻』講談社）

資料調査では、日本近代文学館、神奈川近代文学館、大島博光記念館、信州大学附属図書館、本学図書館近代文庫のお世話を頂いた。また『現代詩1920－1944　―モダニズム詩誌作品要覧―』（和田博文監修　二〇〇六年十月　日外アソシエーツ）並びに『現代詩誌総覧⑤－都市モダニズムの光と影Ⅰ』（現代詩誌総覧 編集委員会編　一九九八年一月　同右）、『現代詩誌総覧⑥―都市モダニズムの光と影Ⅱ』（現代詩誌総覧編集委員会編　一九九八年七月　同右）、『現代詩誌総覧⑦―十五年戦争下の詩学』（現代詩誌総覧 編集委員会編　一九九八年十二月 同右）、『戦後詩誌総覧⑤―感受性のコスモロジー』（和田博文　杉浦静編　二〇〇九年十一月　同右）、『西條八十全集　別巻　著作目録・年譜』（西條八十全集編集委員編　二〇一四年七月　国書刊行会）を活用させて頂いた。

なお、口絵及び本文の引用に際しては、本学図書館、蕗谷龍夫様及び蕗谷虹児記念館、河野究一郎様及びギャラリー５６１０、三岸太郎様及び高輪画廊、上村研様、北上泰子様、大島朋光様及び大島博光記念館のご配慮、ご許可を頂いた。

併せて各位に厚く御礼申し上げます。

★引用詩作者の内、紫玲、勝部菊馬、松本久夫、横内珂津夫、松島翠の各氏のご連絡先を調査中ですが、不明のまま作品を掲載させて頂きました。今後、ご教示が賜れますと有り難く存じます。

あとがき

『蠟人形』の軌跡を辿る試みは、木下夕爾や中桐雅夫の投稿作品をチェックするために、『若草』『愛誦』とともに、『蠟人形』の誌面を確認していったことが契機となっている。二誌の後発誌でもあった『蠟人形』は、表紙に竹久夢二を起用し、また主宰者西條八十の存在を前面に掲げたように、年少の文学愛好者たちの嗜好を意識した方向を推し進めていくが、筆者の『蠟人形』への関心も、このような誌面作りへの注目から始まり、その後創刊以降の動きを追っていく作業を進めていくこととなった。

『蠟人形』については、目次を収めた『現代詩誌総覧⑦―十五年戦争下の詩学』中の「十五年戦争下の詩学」や解題で、既に藤本寿彦氏が詩誌としての特質を指摘し、再評価への視点を提示されていたが、経年的に読み進めていくうちに、若年の読者層を意識した誌面構成を維持しつつも、一方で詩誌としてのレベルを徐々に高めていく経過が確かめられ、再評価の必要性があらためて実感されていった。抒情性の高い詩や小曲を好む読者を抱えながら、同時代詩の問題を誌面に展開したことも確かであり、この点からも投稿雑誌、あるいは年少者を対象とした抒情性の強い雑誌等のイメージを修正する必要があるのではないだろうか。本稿もこうした問題意識から『蠟人形』を概観したもので、再評価が進むことを願っている。

ただし本稿では、詩誌性の追求を軸とした記述になったため、詩以外の文学作品も掲載した文化誌的な側面についてはあまり言及することができず、『蠟人形』全体像への論及が欠けたままとなってしまった。さらに誌の方向と西條の活動を繋げて考察することにも手を付けることができないままであり、これらの問題を今後の課題として、調査を継続していくこととしたい。

近代文化研究所のブックレットとして刊行するお話を頂いたのは、二年前の春であり、この二年間遅々として進まない作業を、所長の松本孝先生を始め、研究所の方々は辛抱強く見守って下さった。本稿は『学苑』掲載の拙文を再構成したものだが、『学苑』への掲載時から本稿をまとめるまで終始この間、研究所編集担当のスタッフの方々に、激励だけではなく適切なアドヴァイスやご提案を頂戴し続けた。記して御礼申し上げることとする。